Diogenes Taschenbuch 23501

de
te
be

W0068276

Friedrich Schiller

Sein Leben erzählt von
Otto A. Böhmer

Diogenes

Umschlagillustration:
Gerhard von Kügelgen, ›Friedrich Schiller‹,
1800 (Ausschnitt)
Foto: AKG-Images

Für
Christel und Mareike

»Kein Deutscher ist wie er so ganz Bewegung... Sein Rhythmus ist andringend, fortreißend, weiterstrebend, sein Entwurf kühn und groß wie sein Rhythmus, und der Aufbau harmonisch über dem Entwurf wie ein Haus über dem Grundriß. Seine Gedanken jagt er zu einem Ziel, seine Betrachtung zu einem Äußersten, Höchsten, seine Gestalten zu einem großen Entschluß, einem großen Abenteuer oder einem großen Untergang. Sein Leben und sein Tod gleicht dem des Fackelläufers, der in sich verzehrt aber mit brennendem Licht ans Ziel kam, sterbend hinstürzte und so stürzend, so sterbend ein ewiges Sinnbild blieb. Etwas treibt die Deutschen immer wieder zu ihm zurück...«

Hugo von Hofmannsthal

»Man sehe sich heute einmal nach Schiller, Wilhelm von Humboldt, Schleiermacher, Hegel, Schelling um, man lese ihre Briefwechsel und führe sich in den großen Kreis ihrer Anhänger ein: Was ist ihnen gemeinsam, was an ihnen wirkt auf uns, wie wir jetzt sind, bald so unausstehlich, bald so rührend und bemitleidenswert? – Es ist ein weicher, gutartiger, silbern glitzernder Idealismus, welcher vor allem edel verstellte Gebärden und edel verstellte Stimmen haben will, ein Ding, ebenso anmaßlich als harmlos, beseelt vom herzlichsten Widerwillen gegen die ›kalte‹ oder ›trockene‹ Wirklichkeit...«

Friedrich Nietzsche

Inhalt

Ins Leben hinein

Fragt man nach den bekanntesten deutschen Dichtern, dann nennt man ihn gleich nach Goethe; daß er in der deutschen Literaturgeschichte so weit nach vorn kam, war indes lange nicht abzusehen. Anders als Goethe, der sich auf sein Glück verlassen konnte, mußte es Schiller zunächst so vorkommen, als werde er vom Schicksal stiefmütterlich behandelt. Ja, er durfte sogar eine gewisse Absicht dahinter vermuten: Die Laufbahn des Lebens, die er vor sich hatte, sah nur in seinen günstigsten Träumen rosig aus – in Wirklichkeit war er, so schien es ihm, und darüber konnten auch kleinere Erfolge zunächst kaum hinwegtäuschen, auf Entbehrungen und eine Anfälligkeit festgelegt, die sich, als er nur noch den Kampfeswillen entgegenzusetzen hatte, den er aus seinem Werk bezog, vor allem an seine Gesundheit hielt und diese nachhaltig untergrub.

Friedrich Schiller wird am 10. November 1759 in Marbach am Neckar geboren. Der Vater Johann

Kaspar Schiller, aus kleinen Verhältnissen stammend, ist ein auch zu sich selbst strenger Mann, der sich in mühsamer Kleinarbeit einiges an Wissen angelesen hat und als schlecht entlohnter Offizier im Dienst des Herzogs von Württemberg stand. Er will, was viele, aber nicht alle Väter wollen: Seinem Sohn soll es einmal besser gehen als ihm, aber dafür hat er, der Sohn, gefälligst etwas zu tun.

Als dieser Vater, der gerade im auswärtigen Einsatz steht, von der Geburt seines Sohnes Friedrich in Kenntnis gesetzt wird, setzt er zu einem Dankgebet an, an das er sich auch später noch erinnert: »Und Du, Wesen aller Dinge! Dich habe ich nach der Geburt meines einzigen Sohnes gebeten, daß Du demselben an Geistesstärke zulegen möchtest, was ich aus Mangel an Unterricht nicht erreichen konnte.«

Schillers Mutter Elisabetha Dorothea, Dorle genannt, ist gottesfürchtig und schicksalsergeben; dennoch hat sie ein heiteres Gemüt und kann sich an den schönen Dingen des Lebens erfreuen, für die man, wie sie weiß, nur den richtigen Blick haben muß. Friedrich Schiller, der Fritz gerufen wird, ist blaß, sommersprossig, hat rötliche Haare und lichtempfindliche Augen, die ihn so oft blinzeln lassen, daß man auf die Idee kommt, er sei beständig nervös. Auch für Krankheiten ist Fritz anfällig: Er hat, sehr zum Mißvergnügen des Vaters, der den Sohn lieber abgehärtet sehen möchte, merkwürdige Fieberanfälle, die mit Magenkrämpfen einhergehen. Erst als die Familie, nach zuvor wechselnden Wohnsitzen, für zwei Jahre in Lorch im Remstal seßhaft wird, geht es Fritz Schiller besser. Er atmet auf, spürt eine ihm gewogene, an Heimat gemahnende Ordnung, die er zuvor, ohne es sich eingestehen zu können, vermißt hat. Der Vater findet jedoch, daß es nicht zu gemütlich werden darf; er nimmt sich seines Sohnes als Privatlehrer an. Dabei setzt er weniger auf die Vermittlung von Wissensstoff, den er, dank seiner lückenhaften Ausbildung, ja ohnehin nicht parat hat, sondern auf die Schulung von Konzentrationsfähigkeit und Gedächtnisleistung. Zudem muß sich Fritz, von dem die Mutter hofft, daß er eines Tages ein Geistlicher sein möge, der in feine Worte faßt, was sie mit Blick auf ihren unverrückbaren Gottesglauben nicht zu sagen vermag, diversen Schreibübungen unterziehen; daß Schiller deswegen zum Schriftsteller werden mußte, wäre allerdings eine etwas abenteuerliche Theorie.

Christophine, Schillers ältere Schwester, bleibt vom Unterrichtsfuror des Vaters verschont; er konzentriert sich auf seinen Sohn, in dem er, der gängigen Wertschätzung gemäß, ohnehin den erfolgversprechenderen Menschen vermutet. So kann Christophine, zu der Schiller sein Leben lang ein inniges Verhältnis hat, aus sicherer Distanz beobachten, wie es der Vater mit dem Sohne hält. Sie erinnert sich, daß Einschüchterung und Wohlwollen eng beieinanderlagen: »Eine Nachbarin sagte Fritz, er solle einen Augenblick in die Küche kommen, sie hätte etwas für ihn,... sein Lieblingsgericht..., Brei von türkischem Weizen; natürlich folgte er der Einladung und war kaum über den Brei geraten, als unser Vater, der oft zum Nachbarn ging, ihm etwas aus der Zeitung mitzuteilen, an der Küche vorbeiging, ihn aber gar nicht bemerkte; allein der Arme erschrak so heftig und rief: Lieber Vater, ich will's gewiß nie wieder tun, nie wieder! Jetzt erst bemerkte der Vater ihn und sagte nur: Nun geh nur nach Hause. Mit einem entsetzlichen Jammergeschrei verließ er seinen Brei, eilte nach Hause, bat die Mutter inständig, sie möchte ihn doch bestrafen, ehe der Vater nach Hause käme, und brachte ihr selbst den Stock. Die Mutter wußte nicht, was das alles bedeuten sollte, denn er konnte vor Jammer kein Wort herausbringen, bestrafte ihn jedoch mütterlich.«

Mit fünf Jahren kommt Fritz in die Dorfschule und wird dort zusammen mit mehr als hundert anderen Kindern unterrichtet. Der Lehrer hat bereits vierzig Dienstjahre hinter sich und ist entsprechend lustlos; mißmutig beäugt er seine Schüler und freut sich auf den Feierabend. Vater Schiller bleibt es nicht verborgen, daß sein Sohn in der Dorfschule nicht viel lernt, und er überredet den örtlichen Pfarrer Philipp Ulrich Moser, Fritz zusätzlichen Privatunterricht zu erteilen. Moser ist ein gütiger, wissenschaftlich gebildeter Mann, der Schillers Begabung erkennt; er bringt ihm Latein und ein wenig Griechisch bei. Auf seinen Schüler hinterläßt er eine solche Wirkung, daß Schiller ihn in seinem ersten Drama, den *Räubern,* als unerschrockenen, wortmächtigen Geistlichen auf die Bühne bringt, der dem Bösewicht Franz Moor eine geharnischte Strafpredigt hält. Moser scheint das erste wirkliche Vorbild für Schiller gewesen zu sein. Er möchte ihm nacheifern und scheut auch vor rührenden Imitationen nicht zurück. Seine Schwester Christophine berichtet: »Mutter und Schwester mußten dem Knaben eine schwarze Schürze umbinden und ein Käppchen aufsetzen. Dabei sah er sehr ernsthaft aus. Was zugegen war, mußte zuhören, und wenn jemand lachte, wurde er unwillig, lief fort und ließ sich so bald nicht wieder sehen.«

Im Jahre 1766 nimmt die Lorcher Idylle ein Ende. Der Vater wird nach Ludwigsburg versetzt, wo Herzog Carl Eugen, der württembergische Landesherr, residiert. Der hält sich für einen begnadeten Herrscher, ist aber nur eitel, vergnügungssüchtig und leider auch etwas beschränkt im Kopf. Carl Eugen feiert gern und läßt sich gern feiern, er gibt Geld aus, das er nicht hat oder das ihm, strenggenommen, gar nicht gehört. Ludwigsburg gilt als »schwäbisches Versailles«, ein durchaus zweifelhaftes Kompliment, das der Herzog jedoch zu schätzen weiß.

Für den siebenjährigen Fritz Schiller beginnt nun endgültig der Ernst des Lebens, der ihm in den nächsten Jahren zum anhänglichen Begleiter wird. Er besucht die Lateinschule, muß dort pauken, daß ihm buchstäblich Hören und Sehen vergeht. Von aufgeklärter oder gar fortschrittlicher Pädagogik, die sich anderswo bereits vorsichtig regt, hält man in Ludwigsburg wenig. Der Unterricht dauert, sommers wie winters, sieben Stunden und muß abgesessen werden; wer zwischenzeitlich Schwächen zeigt oder beim Auswendiglernen der lieblos zusammengezimmerten Lektionen nicht mitkommt, wird mit dem Stock bestraft oder in den Karzer gesteckt.

Als 30jähriger junger Mann sagt Schiller über die zweifelhaften Ausbildungsmethoden, denen er sich zu unterziehen hatte: »An meinem Wesen haben Schicksale sehr gewaltsam gezerrt. Durch eine traurige düstere Jugend schritt ich ins Leben hinein, und eine herz- und geistlose Erziehung hemmte bei mir die leichte schöne Bewegung der ersten werdenden Gefühle. Den Schaden, den dieser unselige Anfang des Lebens in mir angerichtet hat, fühle ich noch heute.«

War schon der Unterricht für die Lateinschüler deprimierend und geisttötend, so erfuhren sie am Ende jeden Jahres noch eine Steigerung des Schreckens: Sie mußten zur Prüfung, dem sogenannten Landexamen, nach Stuttgart. Dort ging man noch unerbittlicher mit ihnen um. Schiller hat sich der Prüfungssituation später in einem Gedichtvers erinnert: »Wie ungestüm dem grimmen Landexamen / Des Buben Herz geklopft, / Wie ihm, sprach jetzt der Rektor seinen Namen, / Der helle Schweiß aufs Buch getropft ...« Fritz ist zunächst ein guter Schüler; die jährlichen Abschlußprüfungen besteht er dreimal als Bester, dann erlebt er einen herben Rückschlag und fällt durch. Er läuft Gefahr, nicht zum Theologiestudium zugelassen zu werden – was besonders für die Mutter, die ihren Fritz ja so gern als Geistlichen sehen möchte, eine Katastrophe wäre. Er reißt sich noch einmal zusammen, lernt verbissen und besteht das letzte Landexamen. Mit dem Theologiestudium wird es dennoch nichts, denn eine Fügung will es, daß der Landesherr allergnädigst und von oben herab in Schillers Leben einzugreifen geruht. Carl Eugen, dem zwischenzeitlich immer mal wieder undurchschaubare Phasen einer seltsamen Ernsthaftigkeit zusetzen, ist des Feierns müde geworden und möchte sich nun, vorübergehend, als fürsorglicher, dem Nachwuchs zugetaner Landesherr präsentieren. Er hat bei Stuttgart auf der Solitude die Carlsschule, eine Art Eliteinternat, gründen lassen, das begabte Schüler versammeln und zu ergebenen Staatsdienern ausbilden soll. Auch der junge Schiller gehört zu den Schülern, die dem Herzog empfohlen werden. An seinen Untergebenen, den Hauptmann Johann Kaspar Schiller, ergeht der Bescheid, daß er seinen Sohn der Schule zu übergeben habe. Obwohl dies kein Wunsch, sondern ein Befehl ist, zeigt sich Vater Schiller erstaunlich mutig: Er wagt es, darauf hinzuweisen, daß seine Frau und er eigentlich andere Pläne mit ihrem Sohn hätten, der, gemäß seiner eigentlichen Begabung, als Geistlicher dem Vaterland dienen solle, worauf der Herzog, so wird berichtet, mit dem Hinweis darauf, daß er das Vaterland sei, das Gespräch abrupt beendet.

Am 16. Januar 1773 muß Vater Schiller seinen Sohn auf der Solitude abgeben. War die Zeit auf der Lateinschule schon deprimierend, so kommt es für Fritz nun noch schlimmer: Der Unterricht, den man an ihm und den anderen Eleven, wie die Schüler genannt werden, exerziert, gleicht einer nicht enden wollenden Einübung in die Freudlosigkeit. Der Schulleiter ist ein Oberst, die Lehrer sind Offiziere und machen den Jungen Beine. Die Schüler müssen Uniform tragen, als Frisur ist eine gepuderte, tadellos sitzende Zopfperücke vorgeschrieben. Wenn ihm danach ist, überwacht der Herzog persönlich das äußere Erscheinungsbild seiner Zöglinge. Fritz Schiller erhält mehrere Strafen wegen mangelnder Reinlichkeit; als er Hunger hat und sich auf Pump etwas zu essen kauft, lohnt man ihm das mit zwölf Stockhieben.

Trotzdem gibt er sich Mühe; er ist es inzwischen gewohnt zu kämpfen und sich nicht vorschnell unterkriegen zu lassen. Er erhält noch eine Auszeichnung im Griechischen, dann lassen seine Leistungen deutlich nach. In dem ersten Zeugnis, das ihm ausgehändigt wird, heißt es ein wenig mitleidig: »Schiller ist voll guten Willens und hat einen großen Trieb, etwas zu lernen, wegen seinem langsamen und dissoluten Wesen aber öftere Ermahnung nötig; er erkennt seine Fehler gerne und gibt sich Mühe, sie zu verbessern...«

Herzog Carl Eugen kümmert sich nicht nur

um das Aussehen seiner Eleven, sondern betreibt an ihnen auch heimtückische Gewissenserforschung. Was die Schüler denken, will er wissen und ordnet an, daß sie »sich selbst und ihre Genossen derselben Abteilung nach einem vorgelegten Fragebogen … schildern«. Das klingt harmloser, als es gemeint war, und Schiller reagiert mit einer treuherzigen Selbstbeschreibung, die als vertrauensbildende Maßnahme gedacht ist, womit er aber nicht auf Gegenliebe hoffen darf: »Beurteilen Sie mich, Durchlauchtigster Herzog, nach den Regeln der Religion. Sie werden mich öfter übereilend, öfter leichtsinnig finden … Sehen Sie mich, Durchlauchtigster Herzog, in der Mitte meiner Brüder, forschen Sie von ihnen selbst, wie ich mich bisher gegen dieselben aufgeführt habe. Sie werden mich eigensinnig, hitzig, ungeduldig hören müssen, doch werden dieselben Ihnen auch meine Aufrichtigkeit, meine Treue, mein gutes Herz rühmen. Aber die schönen Gaben, die ich habe, habe ich bisher nicht so angewendet, als es mir meine Pflichten aufgelegt haben. Nun sehe ich mich von der Unzufriedenheit gedrückt, die ich verdiene, allein ich kann doch einigermaßen Entschuldigung finden; denn wenn der Körper leidet, so leiden mit ihm auch die Kräfte der Seele, und der Wille wird durch Leibesschwachheiten öfters gehindert, in Erfüllung zu gehen. Ebenso habe ich Reinlichkeit am Körper bisher nicht so beobachtet, als es meine Schuldigkeit gewesen.«

Schiller ist auch deswegen unzufrieden, weil der Herzog jedem seiner Schüler ein Schwerpunktfach aufgenötigt hat, das bevorzugt studiert werden muß, und er sich nun der Jurisprudenz widmen soll. Mit der Rechtswissenschaft aber kann er überhaupt nichts anfangen, sie erscheint ihm als öde Paragraphenwüste, in der einer wie er, trotz intensivem Bemühen, keine Wasserstelle findet, aus der sein Wissensdurst zu stillen wäre. Mit seinem Brief hofft er den Herzog zu einer Rücknahme seiner Order bewegen zu können – ein ebenso naives wie rührendes Ansinnen.

»Verzeihen Sie mir, Durchlauchtigster Herzog, diese Fehler, denken Sie an die Gnade zurück, die meine Eltern und ich selbst aus Ihrer Hand empfangen haben. Es ist Ihnen schon bekannt, gnädigster Herzog, mit wieviel Munterkeit ich die Wissenschaft der Rechte angenommen habe, es ist Ihnen bekannt, wie glücklich ich mich schätzen würde, wenn ich durch dieselbe meinem Fürsten, meinem Vaterlande dereinst dienen könnte, aber weit glücklicher würde ich mich halten, wenn ich solches als Gottesgelehrter ausführen könnte ...« Obwohl sich der junge Schiller an die Gepflogenheiten hält und den Tonfall seines Briefes so devot wie möglich ansetzt, wird er keiner Antwort für würdig befunden. Der Herzog hat inzwischen neue Pläne ausgeheckt, von denen seine Eleven, zwangsweise, mit betroffen sind. Ende 1775 läßt er die Carlsschule nach Stuttgart verlegen und sorgt dafür, daß ein neues Lehrfach unterrichtet wird, die Medizin. Zu den Schülern, die er für das Medizinstudium bestimmt, gehört Fritz Schiller, der zunächst entsetzt ist, sich dann aber eines Besseren besinnt. Er macht aus der Not eine Tugend und betrachtet die Medizin kurzentschlossen als aufstrebende, moderne Wissenschaft, die weit mehr Möglichkeiten in sich birgt als die ausgetrocknete Jurisprudenz. Ja, er sieht sogar, was kühn anmutet, eine Verwandtschaft der Medizin mit der Poesie, der er sich damals bereits in ersten Versuchen angenähert hat.

Schiller ist gewillt, das Beste aus seiner neuen Situation zu machen. Einer seiner Mitschüler, der mit ihm von der Rechtswissenschaft zur Medizin zwangsversetzt worden war, schrieb später im Rückblick: »So zurückgeblieben in unseren juristischen Studien, konnten wir natürlich das Versäumte nicht mehr leicht einbringen; wir entschlossen uns daher zum Studium, mit dem Vorsatz, dieses neu gewählte Studium ernster zu betreiben als das verlassene Studium der Jurisprudenz, und wir glaubten, diesen Vorsatz um so eher ausführen zu können, da uns die Medizin mit der Dichtkunst viel näher verwandt zu sein schien…«

Die Aufbruchstimmung, die sich Schiller verordnet, zeigt Wirkung. Er entdeckt Interessantes an der Medizin, die es mit dem Menschen zu tun hat und nicht mit Gesetzen. Daß es ihm insgesamt besser geht, ist auch einem jungen Lehrer namens Abel zu verdanken, der seinen Schülern mit Toleranz begegnet und sie, im Rahmen der gegebenen Möglichkeiten, sogar zu kritischem Denken anregen möchte. Zudem erweist er sich als Freund der Dichter, wobei seine Vorliebe Shakespeare gilt; auch das kommt Schiller entgegen. Als Abel auf dem Stiftungsfest 1776 die Festrede zum Thema »Werden große Geister geboren oder erzogen?« hält, bekommen die versammelten Festgäste, unter ihnen Carl Eugen, der eigentlich nur die üblichen Artigkeiten erwartet, Erstaunliches zu hören. Abel preist die urwüchsige Kraft des Genies, das sich aus den Niederungen des gewöhnlichen Denkens erhebt und zum freien Flug der Gedanken ansetzt: »Ohne Leidenschaft ist nie etwas Großes, nie etwas Ruhmvolles geschehen, nie ein großer Gedanke gedacht oder eine Handlung der Menschheit würdig vollbracht worden… Aber das Genie! Ungezählte Empfindungen wallen durch seine Seele, Gedanken strömen auf Gedanken ... Fülle des Gefühls, Fülle und Stärke der Gedanken, Empfindung und Schöpfergeist, sonderbare Zusammensetzungen und Verhältnisse, aber auch bisweilen die sonderbarsten Verwirrungen und Torheiten ..., vor denen alle kleinen Seelen zurückbeben.« So ein Genie, befeuert von großen Ideen, möchte Schiller werden. Seine eigentliche Berufung, das weiß er inzwischen, ist die Dichtkunst. Anfänglich hat er Gedichte geschrieben, die mehr bemüht als gekonnt sind; nun entdeckt er den Dramatiker in sich. Shakespeare kommt ihm dabei zu Hilfe, für den sich Abel so begeistert. Schiller wird von seiner Begeisterung angesteckt. In seinen *Lebenserinnerungen* hat der Lehrer beschrieben, wie sich die dramatische Erweckung seines Schülers auf eher undramatische Weise ergab: »Aus dem *Othello* war von mir vorgelesen worden ... Schiller war ganz Ohr, alle Züge seines Gesichts drückten die Gefühle aus, von denen er durchdrungen war, und kaum war die Vorlesung beendet, so begehrte er das Buch von mir, und von nun an las und studierte er es mit ununterbrochenem Eifer ...« Mit Shakespeare entdeckt Schiller die Literatur für sich. Sie eröffnet ihm eine andere Welt, die sich von der vorhandenen, nicht sehr günstigen Welt auf das vorteilhafteste abhebt. Nicht an der schlechten Realität soll sich die Literatur messen, sondern zum Ideal streben, das, solange keine entscheidenden Veränderungen in Sicht sind, seine Verwirklichung in der Sprache sucht.

Von einem der ersten Theaterstücke, das der junge Schiller verfaßt hat, ist nur noch der Titel bekannt: *Der Student von Nassau.* Es scheint ein untauglicher Versuch gewesen zu sein, dem jedoch bald ein Werk folgt, das Schillers Ruhm begründen sollte: *Die Räuber.* Eine Erzählung des Schriftstellers Schubart, den Herzog Carl Eugen für einen Aufrührer hält und ohne Gerichtsverfahren ins Gefängnis steckt, hat Schiller auf die Idee zu seinem Drama gebracht, das anfangs den Titel *Der verlorene Sohn* trägt und ihn nicht mehr losläßt. Am liebsten würde er ständig daran arbeiten, aber das geht nicht: Tagsüber hat er den Drill der Ausbildung zu durchstehen, ihm bleiben nur die Nächte. Da sitzt er dann im Schlafsaal der Carlsschule, schreibt bei Kerzenlicht, spricht mit sich selbst, gestikuliert, wandert zwischen den Betten hin und her; seine Freunde, die ihre Ruhe wollen, sehen es ihm nach. Dennoch muß er vorsichtig sein und darf sich nicht erwischen lassen; die Eleven sollen lernen und schlafen, in der Nacht dichten sollen sie nicht.

Um den Kontrollen zu entgehen, die auch vor dem Schlafsaal nicht haltmachen, verfällt Schiller auf einen Trick: Er übernimmt freiwillige Nachtwachen, da auf der Krankenstation immer Licht brennt; hier kann er arbeiten, darf sich aber trotzdem nicht sicher fühlen. Eine Krankenschwester erinnert sich: »Manchmal visitierte der Herzog den Saal; dann fuhren *Die Räuber* unter den Tisch, und ein unter ihnen liegendes medizinisches Buch erzeugte den Glauben, Schiller benutze die schlaflosen Nächte für seine Wissenschaft.«

Seine Wissenschaft bedient Schiller auch als angehender Dichter. Er stellt eine Dissertation fertig, die einen programmatischen Titel erhält: *Philosophie der Physiologie*. Leider kommt sie bei den Gutachtern nicht sonderlich gut an: der Tonfall, den der junge Mediziner anschlägt, ist ihnen zu forsch, zumal Schiller sich nicht scheut, die Autoritäten seines Faches mit heftiger Kritik zu belegen. Man reicht ihm seine Arbeit zurück; der Herzog persönlich bedeutet ihm, daß er noch weiterzustudieren habe. Das ist eine Enttäuschung, die Schiller jedoch wegsteckt: Bald darauf legt er zwei neue Dissertationen vor, die wiederum keine Begeisterung hervorrufen; eine wird umstandslos abgelehnt, die andere, die schon im Titel, *Versuch über den Zusammenhang der tierischen Natur des*

Menschen mit seiner geistigen, bescheidener klingt, nimmt man, mit Vorbehalt, an. In ihr werden, schaut man genauer hin, bereits Gedanken vorweggenommen, die Schillers spätere Weltanschauung begründen. Der Mensch, deutet er an, macht eine notwendige Entwicklung durch, die ihn von der kreatürlichen zur geistigen Existenz führt, an der seine eigentliche Freiheit hängt: »Der Mensch mußte Tier sein, eh er wußte, daß er ein Geist war; er mußte im Staube kriechen, eh er den Newtonschen Flug durchs Universum wagte. Der Körper also, der erste Sporn zur Tätigkeit; Sinnlichkeit die erste Leiter zur Vollkommenheit... Die Kollision der tierischen Triebe stößt Horden wider Horden, schmiedet das rohe Erz zum Schwert, zeugt Abenteurer, Helden und Despoten. Städte werden befestigt, Staaten errichtet, mit den Staaten entstehen bürgerliche Pflichten und Rechte, Künste, Ziffern, Gesetzbücher, schlaue Priester – und Götter...«

Schiller besteht noch die mündlichen Prüfungen, die zu absolvieren sind; dann – am 15. Dezember 1780 – wird er ehrenvoll aus der Carlsschule entlassen. Acht elendig lange Jahre hat er dort zugebracht; eine Zeit, die im Rückblick schon unwirklich anmutet und doch, nimmt man sie in dem, was von ihr bleibt, wie eine Verheißung erscheint, die noch wahrzumachen ist. Kein Tag Urlaub war ihm in diesen acht Jahren vergönnt, seine Familie ist in der Nähe und doch weit weg; zwei Schwestern werden ihm geboren, die er nie zu Gesicht bekommt, weil sie schon früh wieder sterben. Eigentlich kann alles nur besser werden. *Die Räuber* hat Schiller fast fertig; nun wartet er darauf, daß der Herzog die Zusage einlöst, seine Carlsschüler in Amt und Versorgung zu bringen. In Schillers Fall gleicht die Einlösung des Versprechens allerdings einem schlechten Scherz: Er wird als Regimentsmedicus ohne Offizierrang in das Grenadierregiment des 82jährigen Generals von Augé versetzt, das als letztes Aufgebot gilt. Sieche und Invalide tun hier Dienst; mit einem solchen »Sauhaufen«, heißt es, kann man den Feind wohl erheitern, aber nicht erschrecken. Schiller ist geschockt, sein Vater noch mehr; mutig und untertänigst ersucht er darum, daß der Herzog seine Entscheidung noch einmal überdenken möge. Carl Eugen lehnt ab und befiehlt zudem, daß der junge Regimentsarzt, dem militärisches Gepränge schon immer verhaßt war, Uniform zu tragen habe. Darin sieht Schiller, passend zum Gesamteindruck, den die Truppe des Generals von Augé macht, nicht gerade würdevoll aus. Ein Freund berichtet: »Wie komisch sah mein Schiller aus! Eingepreßt in der Uniform, damals noch nach dem alten preußischen

Schnitt, steif und abgeschmackt. An jeder Seite hatte er drei steife, vergipste Rollen, der kleine militärische Hut bedeckte kaum den Kopfwirbel, in dessen Gegend ein dicker falscher Zopf gepflanzt war; der lange Hals war von einer sehr schmalen, roßhärenen Binde eingewürgt. Das Fußwerk vorzüglich war merkwürdig: durch den den weißen Gamaschen unterlegten Filz waren seine Beine wie zwei Zylinder von einem größeren Diameter als die in knappe Hosen eingepreßten Schenkel. In diesen Gamaschen, die ohnehin mit Schuhwichse befleckt waren, bewegte er sich, ohne die Knie recht biegen zu können, wie ein Storch. Dieser ganze, mit der Idee von Schiller so kontrastierende Apparat war oft nachher der Stoff zu tollem Gelächter in unsern kleinen Kreisen…« Mochte Schiller als Regimentsarzt in Uniform auch komisch aussehen, die Rezepturen, die er den ohnehin schon geschwächten Soldaten verschrieb, waren weniger komisch – er setzte auf den schnellen, durchschlagenden Erfolg. Seine Spezialität waren Brechmittel in hoher Dosierung, die er sogar zur Vorbeugung verabreichte; die Kranken sollten, meinte er, »ihre Krankheiten lieber auskotzen« als sich zu sehr mit ihnen beschäftigen. Da er sich mit seinen Diagnosen nicht länger aufhielt als unbedingt nötig, hatte Schiller genügend Freizeit, um weiterhin als Dichter tätig zu sein. Zufrieden durfte er feststellen, daß er inzwischen einigermaßen bekannt geworden war, was in erster Linie an einem provokativen Gedicht lag, der *Elegie auf den frühzeitigen Tod Johann Christian Weckerlins,* das in Stuttgart unterderhand verbreitet wurde. Schiller prangert darin die Verlogenheit einer Gesellschaft an, die, erst nachdem ein Mensch zu Grabe getragen wurde, mit heuchlerischen Worten Interesse für ihn zeigt: »O so klatschet! Klatscht doch in die Hände, / Rufet doch ein frohes Plaudite! – / Sterben ist der langen Narrheit Ende, / In dem Grab verscharrt man manches Weh: / Was sind denn die Bürger unterm Monde? / Gaukler, theatralisch ausstaffiert / Mit dem Tod in ungewissem Bunde, / Bis der Falsche sie vom Schauplatz führt: / Wohl dem, der nach kurzgespielter Rolle / Seine Larve tauschet mit Natur, / Und der Sprung vom König bis zur Erdenscholle / Ist ein leichter Kleiderwechsel nur.«

Im Frühjahr 1781 hat Schiller *Die Räuber* abgeschlossen. Er sucht nach einem Verleger, weiß aber, daß dies nicht ganz einfach ist. Wer damals sein Geld mit der Publikation von Büchern und Druckschriften verdient, muß damit rechnen, daß die Zensur manchmal zwar träge, alles in allem jedoch unangenehm wachsam ist: Ärger mit den Überwachungsbehörden, von denen es in der deutschen

Kleinstaaterei nicht gerade wenige gibt, kann sich ein Verleger, der ungestört wirtschaften will, nicht erlauben. Schillers Stück aber hat es in sich; es ist in aufrührerischer Sprache geschrieben und spart nicht mit Kritik an den bestehenden Verhältnissen. So erweist sich das Bemühen, einen Verleger zu finden, als zähes Unterfangen. Schiller hält sich selbst dabei, vorsichtshalber, im Hintergrund; ein Freund namens Petersen, der als kontaktfreudig und diplomatisch gilt, betätigt sich als sein literarischer Agent, was die Verlegersuche jedoch nicht erfolgreicher macht. Vom Wert seines Werks ist der junge Dichter dennoch überzeugt; er weiß handfeste Gründe zu nennen, warum er als Dichter Erfolg haben muß: »Der erste und wichtigste Grund, warum ich die Herausgabe wünsche, ist jener allgewaltige Mammon, dem die Herberge unter meinem Dach gar nicht ansteht – das Geld ... Der zweite Grund ist, wie leicht zu begreifen, das Urteil der Welt. Dazu kommt noch die Erwartung, die Hoffnung und Begierde, welches alles mir meinen Aufenthalt im Loche der Prüfung verkürzen und versüßen und mir die Grillen zerstreuen sollen. Ich möchte natürlich auch wissen, was ich für ein Schicksal als Dramatiker, als Autor zu erwarten habe.«

Schließlich mag Schiller nicht mehr warten: Er

leiht sich 150 Gulden und bringt sein Stück im Selbstverlag heraus. Als die ersten Druckbogen vorliegen, ist er so begeistert, daß er sich gezwungen sieht, Werbung in eigener Sache zu machen: Er schickt sein Stück an den Mannheimer Buchhändler und Verleger Schwan, der als uneigennütziger Förderer junger Talente gilt. Schwan zeigt sich angetan, merkt allerdings kritisch an, daß man *Die Räuber* in der vorliegenden Fassung »einem gesitteten Publikum« nicht zumuten könne. Daß Schiller talentiert ist, hat Schwan indes sofort bemerkt. Er macht Herrn von Dalberg, den Intendanten des Mannheimer Hof- und Nationaltheaters, auf den jungen Autor aufmerksam. Dalberg, ein angepaßter Höfling, der jegliches Risiko scheut, lobt Schillers Drama, bittet jedoch um einige nicht ganz unerhebliche Änderungen. Dem Intendanten paßt die ganze Richtung nicht; zunächst möchte er die Kritik an der Obrigkeit entschärft wissen, dann hält er es, aus sicherheitstaktischen Gründen, für angebracht, die Spielhandlung aus der Gegenwart ins Mittelalter zu versetzen. Schiller, der sich anfangs erstaunlich aufgeschlossen gegenüber den Änderungswünschen des Herrn von Dalberg zeigt, schreibt sein Stück mehrere Male um. Schließlich wird es ihm doch zuviel: Er beklagt sich darüber, daß sein Werk, dank andauernder Eingriffe, nur noch einer »Krähe mit Pfauenfedern« gleiche und »ein so buntfärbiges Ding« sei »wie die Hosen des Harlekins«. Dalberg verweist auf seine Erfahrungen als Theaterintendant und Mann von Welt; Schiller möge ihm vertrauen, es sei zu seinem Besten.

Am 13. Januar 1782 ist es soweit: *Die Räuber,* ein Werk, in das so viele Nach- und Verschlimmbesserungen eingegangen sind, daß man es kaum noch wiedererkennt, werden in Mannheim uraufgeführt. Schiller hat sich mit seinem Freund Petersen unerkannt unters Publikum gemischt, das zahlreich erschienen ist. Zunächst verfolgen die Zuschauer das Bühnengeschehen schweigend, dann macht sich zunehmende Unruhe bemerkbar. Während Schiller, unerfahren und ein wenig ängstlich, die Reaktionen zu deuten versucht, schließlich könnte sich da ja massives Mißfallen oder gar ein Theaterskandal vorbereiten, nehmen die Dinge einen ungeahnten Verlauf. Ein Besucher hat beschrieben, was sich abspielte: »Das Theater glich einem Irrenhaus, rollende Augen, geballte Fäuste, heisere Aufschreie im Zuschauerraum. Fremde Menschen fielen einander schluchzend in die Arme, Frauen wankten, einer Ohnmacht nahe, zur Türe. Es war eine allgemeine Auflösung wie im Chaos, aus dessen Nebeln eine neue Schöpfung hervorbricht.«

Schillers *Räuber* werden zu einem beispiellosen Erfolg. Sein Autor weiß nicht recht, wie ihm geschieht: Er genießt den Erfolg, ahnt aber auch schon, daß damit seine Schwierigkeiten erst anfangen könnten. Schließlich ist er einem Dienstherrn unterstellt, der keinen Spaß versteht, und schon gar nicht, wenn es sich um Eigenmächtigkeiten von Zöglingen seiner Carlsschule handelt. Carl Eugen ist zugetragen worden, daß sich sein Regimentsmedicus Schiller ins benachbarte Ausland, nach Mannheim, begeben hat und dort als Dichter Triumphe feiert. Einen solchen Affront kann er nicht hinnehmen, er sieht sich genötigt, einzugreifen. Schiller wird zu ihm bestellt. Zunächst gibt sich der Herzog noch auf lauernde Weise freundlich, dann poltert er los: Schiller möge gefälligst seinen Dienst tun, dafür sei er eingestellt und beziehe er Sold. Als Strafe soll er seinen Degen abgeben und 14 Tage Arrest absitzen. Seinen Degen gibt Schiller gern ab, schließlich hat ihn die Waffe ohnehin gestört und manchmal sogar auf das lächerlichste behindert. Auch der Arrest schreckt ihn nicht sonderlich; ihm dämmert allerdings, daß sich seine Gesamtlage damit noch ungünstiger zu entwickeln droht. In seiner Verzweiflung schreibt er an Dalberg einen Brief, in dem er um Hilfe und beschwichtigende Intervention beim Herzog ersucht.

Der Mannheimer Intendant jedoch, der sich in seinem Leben noch nie mit einem Mächtigen angelegt hat, denkt gar nicht daran, für seinen Erfolgsautor ein gutes Wort einzulegen. Schillers Brief bleibt unbeantwortet. Wenig später verschlechtert sich seine Situation noch mehr: Carl Eugen muß sich mit einer Beschwerde befassen, die ihn aus der Schweiz erreicht hat. Dort ist man auf eine Textstelle in den *Räubern* gestoßen, in der eine Negativfigur des Stücks, der Intrigant Spiegelberg, den Schweizer Kanton Graubünden »das Athen der heutigen Gauner« nennt. Vom Herzog erwartet man, daß er den Dichter maßregelt, was auch geschieht: Er zitiert Schiller erneut zu sich und befiehlt ihm mit zornbebender Stimme: »Ich sage, bei Strafe der Kassation schreibt Er keine Komödien mehr!«

Schiller weiß nun, daß er im Grunde nur noch zwei Möglichkeiten hat, und beide sind nicht allzu verlockend. Der Herzog, ein launischer Mann, der seine Untertanen je nach Tagesform abstraft oder mit zweifelhaften Freundlichkeiten belohnt, könnte sich vielleicht doch noch besinnen und seinem Regimentsarzt erlauben, im Zweitberuf weiterhin als Dichter tätig zu sein. Diese Möglichkeit ist allerdings eher unwahrscheinlich; um so drängender und bedrohlicher wird die zweite: Schiller muß sich mit dem Gedanken anfreunden, außer Landes zu gehen – es wäre dies die Flucht aus der Heimat. Bevor es dazu kommt, unternimmt er einen letzten Versuch, das Blatt noch zu wenden: Er richtet, so devot, wie es damals üblich ist, und doch schon recht selbstbewußt, ein Gesuch an den Herzog, das schon in der Überschrift deutlich macht, worum es dem Bittsteller geht: »Durchlauchtigster Herzog, Gnädigster Herzog und Herr / Friedrich Schiller, Medicus bei dem löblichen Generalfeldzeugmeister vom Augéschen Grenadierregiment, bittet untertänigst um die gnädigste Erlaubnis, ferner literarische Schriften bekanntmachen zu dürfen…« Die Gründe dafür, daß diese Erlaubnis erteilt werden soll, liegen auf der Hand, sie sind dem Erfolg geschuldet, den der Dichter und Regimentsarzt Schiller für sich in Anspruch nehmen kann: »Der allgemeine Beifall, womit einige meiner Versuche vom ganzen Deutschland aufgenommen wurden, welches ich Höchstdenselben untertänigst zu beweisen bereit bin, hat mich einigermaßen veranlaßt, stolz sein zu können, daß ich von allen bisherigen Zöglingen der großen Karls-Akademie der erste und einzige gewesen, der die Aufmerksamkeit der großen Welt angezogen und ihr wenigstens einige Achtung abgedrungen hat – eine Ehre, welche ganz auf den Urheber meiner Bildung zurückfällt! Hätte ich die literarische Freiheit zu weit getrieben, so bitte ich Euer Herzogliche Durchlaucht alleruntertänigst, mich öffentliche Rechenschaft davon geben zu lassen, und gelobe hier feierlich, alle künftigen Produkte einer scharfen Zensur zu unterwerfen. – Noch einmal wage ich, Höchstdieselbe auf das Submisseste anzuflehen, einen gnädigen Blick auf meine untertänigsten Vorstellungen zu werfen und mich des einzigen Weges nicht zu berauben, auf welchem ich mir einen Namen machen kann…«

Das ist, alles in allem, taktisch nicht ungeschickt formuliert und zudem in ergebener Haltung vorgetragen; dennoch kommt es wie befürchtet: Der Herzog weigert sich, Schillers Gesuch überhaupt zur Kenntnis zu nehmen, er verweigert die Annahme; seinem General Augé, der eigentlich nur noch seine Ruhe haben möchte und den Pensionsstand herbeisehnt, befiehlt er, den lästigen Medicus in Haft zu nehmen, falls der auf den Gedanken kommen sollte, seinen Dienstherrn mit weiteren Schriftsätzen zu behelligen. Für Schiller ist damit klar, daß er fliehen muß. Noch immer hat er den Beifallssturm im Ohr, den seine *Räuber* bewirkt haben. Er setzt auf Mannheim, den Schauplatz seines bislang größten und einzigen Triumphes: Wenn er dort eine Festanstellung als Theaterautor bekommt, kann er sich, das ist seine Überzeugung, binnen kurzem in die erste Reihe der deutschen Dichter hineinschreiben. Sein Selbstbewußtsein hat Haltung angenommen und läßt sich, gestärkt durch die Querelen mit dem Herzog, nicht mehr so leicht unterkriegen. In Gedanken errichtet er sich deshalb auch schon mal einen deutlich erweiterten Wirkungskreis: die Welt wartet auf ihn, sie beginnt gleich hinter Mannheim...

Bedrängnis des Herzens

Im September 1782 ergibt sich für Schiller eine Gelegenheit, seine Fluchtpläne in die Tat umzusetzen. Der Großfürst von Rußland hält sich mit Gefolge in Stuttgart auf; er ist ein Verwandter von Herzog Carl Eugen, der den hochrangigen Besuch mit einem Fest feiern will, wie es die Stadt noch nicht gesehen hat. Schiller wird von seinem Freund Andreas Streicher begleitet, der die Vorbereitungen für die Flucht trifft. Sie reisen als Dr. Wolf und Dr. Ritter; der Wachtposten, der sie in der Nacht am Ausgang Esslinger Tor kontrolliert, ist ein Bekannter. Er notiert, daß die beiden Herren in geschäftlicher Mission nach Esslingen unterwegs seien, und läßt sie anstandslos passieren. Als Dr. Wolf und Dr. Ritter Fahrt aufgenommen haben und sie sicher sein dürfen, daß keine Verfolger hinter ihnen her sind, halten sie den Zweispänner an. Der Himmel über Stuttgart ist rot erleuchtet, sie hören das ferne Feuerwerk, das der Herzog für den Großfürsten abbrennen läßt. Gegen Morgen erreichen sie die kurpfälzische Grenze. Der Intendant von Dalberg, auf dessen Unterstützung Schiller noch immer setzt, obwohl er wissen müßte, daß von ihm keine Hilfe zu erwarten ist, weilt bezeichnenderweise in Stuttgart und nimmt an den dortigen Feierlichkeiten teil. Ein Theaterregisseur namens Meyer nimmt sich der beiden Freunde an. Er ist ein gutmütiger Mensch, hält aber nicht mit seiner Meinung hinterm Berg, daß Schiller einen Fehler begangen hat. Er rät ihm, nicht alle Brücken abzubrechen und einen letzten Versuch zu wagen, den Herzog vielleicht doch noch versöhnlich zu stimmen. Schiller setzt daraufhin ein Schreiben an seinen Dienstherrn auf, in dem zu lesen steht: »Ich weiß, daß ich in der großen Welt nichts gewinnen kann, daß ich in mein größtes Unglück stürze; ich habe keine Aussichten mehr, wenn Eure Herzogliche Durchlaucht mir die Gnade verweigern sollten, mit der Erlaubnis, Schriftsteller sein zu dürfen, einigemal mit dem Zuschuß, den mir das Schreiben verschafft, Reisen zu tun, die mich große Gelehrte und Welt kennen lernen, und mich zivil zu tragen, welches mir die Ausübung meiner Medizin mehr erleichtert, zurückzukommen. Diese einzige Hoffnung hält mich noch in meiner schrecklichen Lage. Sollte sie mir fehlschlagen, so wäre ich der ärmste Mensch, der, verwiesen vom Herzen seines Fürsten, verbannt von den Seinigen, wie ein Flüchtling umherirren muß. Aber die erhabene Großmut meines Fürsten läßt mich das Gegenteil hoffen …« Über seinen General Augé läßt Carl Eugen ausrichten, Schiller möge sich umgehend bei seinem Regiment einfinden, er könne »dadurch« nur von der »Gnade seiner Herzoglichen Durchlaucht profitieren«. Das klingt freundlicher als erwartet, ist andererseits aber so vage, daß Schiller vorsichtshalber nicht darauf eingeht. Seine Lage bleibt unerfreulich, er führt eine Existenz zwischen Duldung und unangenehmsten Befürchtungen. Auch als Autor vermag er nicht an den Erfolg der *Räuber* anzuknüpfen. Er hat inzwischen ein zweites Stück geschrieben, *Die Verschwörung des Fiesko zu Genua,* das er für deutlich besser hält als seinen Erstling. Die erwartungsfroh gestimmte Mannheimer Theaterprominenz, der er aus seinem Werk vorliest, vermag seine Begeisterung nicht zu teilen. Meyer erkundigt sich gar bei Schillers Freund Streicher, ob der *Fiesko* wirklich vom Autor der *Räuber* stamme, er könne das nämlich nicht glauben, da das Werk, im Vertrauen gesagt, »das Allerschlechteste« sei, was er »je gehört« habe. Auf Streichers Bitte erklärt er sich jedoch bereit, das Manuskript noch einmal in Ruhe zu lesen, und kommt nun zu einem anderen Ergebnis: »Sie haben recht! Sie haben recht! *Fiesko* ist ein Meisterstück und weit besser gearbeitet als die *Räuber*. Aber wissen Sie auch, was schuld daran ist, daß ich und alle Zuhörer es für das elendste Machwerk hielten? Schillers schwäbische Aussprache und die verwünschte Art, wie er alles deklamiert! Er sagt alles in dem nämlichen hochtrabenden Tone her, ob es heißt: ›Er macht die Tür zu‹, oder ob es eine Hauptstelle seines Helden ist. Aber jetzt wollen wir alles in Bewegung setzen, um es bald auf das Theater zu bringen.«

Meyers Absicht ist löblich, aber nicht von Erfolg gekrönt. Dalberg, durch den erneuten Umgang mit dem feierfreudigen Herzog von Württemberg noch vorsichtiger geworden, will von Schillers neuem Stück nichts wissen; er läßt mitteilen, daß er es für unspielbar halte. Als sich zudem das Gerücht breitmacht, Carl Eugen habe Häscher ausgesandt, um seinen fahnenflüchtigen Medicus gewaltsam zurückholen zu lassen, folgt Schiller dem Rat seiner Freunde und begibt sich erneut auf die Flucht. Eine Mietkutsche kann er sich diesmal nicht leisten; so macht er sich mit Streicher zu Fuß auf den Weg. Ihr Ziel ist Frankfurt am Main. Gegen Abend erreichen sie Darmstadt und übernachten dort in einer billigen Absteige. Am nächsten Morgen ist Schiller blaß und fühlt sich elend; trotzdem will er weiter. Wenig später hat er einen Schwächeanfall und bricht auf der Landstraße zusammen. Streicher deckt den Freund mit einem Mantel zu und läßt ihn den Schlaf des Erschöpften schlafen. Er erinnert sich: »Auch in seinen gehärmten düsteren Zügen ließ sich noch der stolze Mut wahrnehmen, mit dem er gegen ein hartes unverdientes Schicksal zu kämpfen suchte, und die wechselnde Gesichtsfarbe verriet, was ihn, auch seiner unbewußt, beschäftigte…«

In Frankfurt versucht Schiller zu Geld zu kommen. Einem Verlagsbuchhändler gibt er sich als Autor des Erfolgsstücks *Die Räuber* zu erkennen und bietet ein langes Gedicht zum Verkauf an. Der Buchhändler zögert, bietet 18 Gulden als Honorar an; Schiller will jedoch mindestens 25 und ist, seiner ungünstigen Lage zum Trotz, stolz genug, von dieser Forderung nicht abzugehen. Inzwischen hat Streicher seine Mutter um Geld gebeten, das schließlich auch eintrifft. Schiller hat unterdessen einen letzten Versuch unternommen, Dalberg doch noch für sich einzunehmen. Er appelliert dabei nicht an die Großherzigkeit des Intendanten, die ohnehin nicht vorhanden ist, sondern an seinen Geschäftssinn: Dalberg soll dem *Fiesko* eine Chance geben, und er wird dafür, so Schillers ebenso kühne wie verzweifelte Prognose, mit einem weiteren Theatererfolg belohnt werden. Nach Mannheim schreibt er: »Ich ging leer hinweg, leer in Börse und Hoffnung. Es könnte mich schamrot machen, daß ich Ihnen solche Geständnisse tun muß, aber ich weiß, es erniedrigt mich nicht. Traurig genug, daß ich auch an mir die gehässige Wahrheit bestätigt sehen muß, die jedem freien Schwaben Wachstum und Vollendung abspricht. Wenn meine bisherige Handlungsart, wenn alles das, woraus Euer Exzellenz meinen Charakter erkennen, Ihnen ein Zutrauen gegen meine Ehrliebe einflößen kann, so erlauben Sie mir, Sie freimütig um Unterstützung zu bitten. So höchst notwendig ich jetzt des Ertrages bedarf, den ich von meinem *Fiesko* erwartete, so wenig kann ich ihn vor 3 Wochen theaterfertig liefern, weil mein Herz so lange beklemmt war, weil das Gefühl meines Zustandes mich gänzlich von dichterischen Träumen zurückriß. Wenn ich ihn aber bis auf besagte Zeit nicht nur fertig, sondern, wie ich auch hoffen darf, würdig verspreche, so nehme ich mir daraus den Mut, Euere Exzellenz um gütigsten Vorschuß des mir dadurch zufallenden Preises gehorsamst zu bitten.« Dalberg indes verweigert jegliche Zahlung. Schillers Lage wird immer ungemütlicher. Frankfurt ist ihm zu teuer, und so reist er mit Streicher ins pfälzische Oggers-

heim, wo sie sich in einem kleinen Gasthaus ein-
quartieren. Dort schreibt Schiller den *Fiesko* ein
weiteres Mal um, aber auch diese Fassung wird von
Dalberg abgelehnt. Schließlich bleibt ihm nichts
anderes übrig, als sich eines Angebots zu erinnern,
das ihm eine Stuttgarter Gönnerin, die Freifrau
Henriette von Wolzogen, unterbreitet hat: Sie besitzt ein kleines Anwesen im thüringischen Bauerbach, auf dem Schiller, wenn er denn will, jederzeit
unterkommen kann.

Bevor er dieses Angebot annimmt, muß er jedoch Abschied nehmen. Am 22. November 1782
trifft er sich mit seiner Mutter und der Schwester
Christophine in Bretten an der Grenze zu Württemberg. Das Herz ist ihm schwer, er ahnt, daß
ihm eine längere Trennung bevorsteht. Auch seinem Freund Streicher, der in Mannheim zurückbleibt, sagt er Lebewohl.

Nach einer Reise von sieben Tagen im unbeque-
men Postwagen kommt Schiller am 7. Dezember
im tiefverschneiten Bauerbach an. Seine Gönnerin hat zwei Zimmer für ihn herrichten lassen; er
kann erst einmal ausschlafen. Danach sieht er seine
Umgebung in freundlicherem Licht. An Streicher
schreibt er: »Liebster Freund! Endlich bin ich hier,
glücklich und vergnügt, daß ich einmal am Ufer
bin. Ich traf alles noch über meine Wünsche. Keine

Bedürfnisse ängstigen mich mehr, kein Querstrich von außen soll meine dichterischen Träume, meine idealistischen Täuschungen stören. Das Haus meiner Wolzogen ist ein recht hübsches und artiges Gebäude, wo ich die Stadt gar nicht vermisse. Ich habe alle Bequemlichkeit, Kost, Bedienung, Wäsche, Feuerung, und alle diese Sachen werden von den Leuten des Dorfes auf das vollkommenste und willigste besorgt... Gegenwärtig kann und will ich keine Bekanntschaften machen, weil ich entsetzlich viel zu arbeiten habe...«

Schiller verschwendet keinen Gedanken mehr an den unglückseligen *Fiesko,* sondern schreibt bereits an einem neuen Stück: *Luise Millerin* heißt es, ist ein »bürgerliches Trauerspiel« und wird später am Theater mit jenem griffigen Titel bedacht, unter dem es heute noch zur Aufführung kommt: *Kabale und Liebe.* Überhaupt ist Schiller, nachdem er meint, in Bauerbach eine zweite Heimat gefunden zu haben, voller Pläne: Er skizziert die Handlung des *Don Carlos* und stößt auf eine historische Figur, die im Mittelpunkt eines weiteren bekannten Stücks stehen wird, *Maria Stuart.* Eine gewisse Ungeduld zeichnet den Dramatiker und Menschen Schiller aus; am liebsten möchte er die Ideen so verarbeiten, wie sie ihm zu Kopf steigen – im Schwung des ersten phantastischen Zutragens, begeistert von seinem literarischen Personal, für das er eine Fürsorgepflicht empfindet.

Der Winter jedoch ist lang in Bauerbach, und Schillers anfänglicher Schwung läßt nach. Die Einsamkeit macht ihm zu schaffen, er wünscht sich Freunde herbei. Einen Vertrauten gewinnt er in dem Meininger Bibliothekar Reinwald, der später Schillers Lieblingsschwester Christophine heiratet und sein Schwager wird. Reinwald, ein guter Zuhörer, dem es jedoch an Begeisterungsfähigkeit mangelt, versorgt ihn mit Lektüre. Insbesondere historische Werke haben es ihm angetan, er sieht in der Geschichte eine wahre Fundgrube für den Stoff, aus dem die Literatur ist. »Ich wünschte Sie so oft in meine einsame grillenhafte Zelle hinein und möchte oft meine tägliche Kost um eine menschliche Gesellschaft dahingeben«, schreibt er an Reinwald und fügt hinzu: »Mühsam und wirklich oft unter Druck muß ich eine Laune, eine dichterische Stimmung hervorarbeiten, die mich in zehn Minuten bei einem guten denkenden Freund sonst anwandelt…«

Als er ihn länger und vor allem näher kennt, geht Schiller zu Reinwald auf Distanz; er warnt seine Schwester Christophine vor der Eheschließung mit einem Mann, den er nun »griesgrämig und staubtrocken« nennt, »ein fleißiger, nicht ganz ungeschickter Philister..., aus einem kleinen städtischen Ort, durch Verhältnisse gedrückt, durch hypochondrische Kränklichkeit noch mehr darnieder gebeugt«. Christophine Schillers Ehe mit dem im Alter zunehmend verschrobenen Reinwald ist denn auch nicht sonderlich glücklich geworden; die Warnungen des Bruders waren wohl nicht ganz unberechtigt gewesen.

In Bauerbach indes weiß Schiller seinen Reinwald noch zu schätzen; er macht ihn zum bevorzugten Gesprächspartner und Adressaten seiner Briefe. Als der Winter endlich zur Neige geht und es Frühling wird, atmet er auf. Die Welt, zuvor lange verschneit und verhangen, hellt sich auf. Am 14. April 1783, einem »herrlichen« Frühlingsmorgen, erläutert Schiller in einem programmatischen Brief an Reinwald seine bisherige literarische Arbeitsweise: »Wir schaffen uns einen Charakter, wenn wir unsere Empfindungen und unsere historische Kenntnis von fremden in andere Mischungen bringen – bei den Guten das Plus oder Licht – bei Schlimmeren das Minus oder den Schatten vorwalten lassen. Gleichwie aus einem einfachen weißen Strahl, je nachdem er auf Flächen fällt, tausend und wieder tausend Farben entstehen, so bin ich zu glauben geneigt, daß in unsrer Seele alle Charaktere nach ihren Urstoffen schlafen... Liebe, mein

Freund, das große unfehlbare Band der empfindenden Schöpfung, ist zuletzt nur ein glücklicher Betrug. Erschrecken, entglühen, zerschmelzen wir für das fremde, uns ewig nie eigen werdende Geschöpf? Gewiß nicht. Wir leiden jenes alles nur für uns, für das Ich, dessen Spiegel jenes Geschöpf ist. Ich nehme selbst Gott nicht aus…« Zwischen Freundschaft und Dichtkunst besteht eine Wesensähnlichkeit der Innigkeit nach, ohne daß sich daraus eine Folgewirkung ergibt, auf die man Anspruch erheben könnte: »Können wir den Zustand eines Freundes feurig fühlen, so werden wir uns auch für unsere poetischen Helden erwärmen. Aber die Folgerung, daß die Fähigkeit zur Freundschaft und platonischen Liebe sonach auch die Fähigkeit zur großen Dichtung nach sich ziehen müsse, würde sehr übereilt sein. Denn ich kann einen großen Charakter durchaus fühlen, ohne ihn schaffen zu können… Das ist unstreitig wahr, daß wir die Freunde unserer Helden sein müssen, wenn wir in ihnen zittern, aufwallen, weinen und verzweifeln sollen…« Am Ende seines Briefes befällt Schiller die Melancholie; eine Wolke scheint sich vor die Frühlingssonne geschoben zu haben: »Teurer Freund! Ich bin nicht, was ich gewiß hätte werden können. Ich hätte vielleicht groß werden können, aber das Schicksal stritt zu früh wider mich.

Lieben und schätzen Sie mich wegen dem, was ich unter besseren Sternen geworden wäre, und ehren Sie die Absicht in mir, die die Vorsicht in mir verfehlt hat. Aber bleiben Sie mein!«

Als er sich gerade daran gewöhnt hat, seine Erwartungen so gering wie möglich zu halten, erreicht Schiller ein Schreiben des Herrn von Dalberg, den er zwischenzeitlich fast schon vergessen hatte. Dem Mannheimer Intendanten ist zu Ohren gekommen, daß Schiller nicht mehr in Acht und Bann steht; der Herzog von Württemberg hat inzwischen anderes zu tun, als nach einem entlaufenen Regimentsarzt fahnden zu lassen. Auch von den neuen Theaterstücken, an denen sein ehemaliger Erfolgsautor schreibt, ist Dalberg in Kenntnis gesetzt worden; nun bekundet er sein Interesse an der *Luise Millerin* und deutet an, daß er sich mittlerweile sogar vorstellen könne, ihn zum festangestellten Theaterautor zu machen. Schiller, gewitzt durch die bisherigen Erfahrungen, reagiert ausweichend, fühlt sich dann aber doch so geschmeichelt, daß er sich daranmacht, eine Bühnenfassung seines Stücks für das Mannheimer Theater zu erstellen. Er kommt gut voran: »Meine Luise Millerin jagt mich schon um 5 Uhr aus dem Bette. Da sitz ich, spitze Federn und käue Gedanken. Es ist gewiß und wahrhaftig, daß der Zwang dem Geist alle

Flügel abschneidet. So ängstlich für das Theater – so hastig, weil ich pressiert bin, und doch ohne Tadel zu schreiben, ist eine Kunst. Doch gewinnt meine Luise Millerin, das fühl ich.«

Auch seine Gönnerin, die Freifrau von Wolzogen, läßt sich in Bauerbach blicken. Sie hat ihre 17jährige Tochter Charlotte dabei, in die sich Schiller, der auf eine solche Gelegenheit gewartet hat, bereitwillig verliebt. Allerdings stößt er auf wenig Gegenliebe, was er fast als beleidigend empfindet. Reinwald, erstaunlich einfühlsam in dieser Situation, rät ihm zum Ortswechsel: Statt sich auf eine Verwirrung des Herzens einzulassen, die ihn von der Arbeit abhalte, möge Schiller lieber nach Mannheim fahren, um mit Dalberg zu verhandeln, der ihm ja, wenngleich etwas verbrämt, ein Angebot gemacht habe. Das klingt überzeugend, und Schiller vergißt seinen Liebeskummer so schnell, wie er ihn sich zugezogen hat. Am 26. Juli 1783 trifft er in Mannheim ein. Tatsächlich bietet ihm Dalberg einen Vertrag als Theaterautor und Dramaturg an, der allerdings so schlecht dotiert ist, daß Schiller ihn eigentlich hätte ablehnen müssen. Eine Festanstellung am Theater erscheint ihm jedoch so verführerisch, daß er gar nicht daran denkt, um höheren Lohn zu feilschen. Sein alter Freund Streicher, den er in Mannheim wieder getroffen hat, bemerkt: »Seine Zufriedenheit über die Anstellung sprach aus jedem Wort, aus jedem Blick, und er mochte sich dabei wohl denselben Himmel in der Wirklichkeit denken, der auf dem Theater oft so täuschend dargestellt wird...«

Kurz darauf wird Mannheim von einer malaria-ähnlichen Seuche, dem »kalten Fieber«, heimgesucht, der sein Förderer Meyer zum Opfer fällt. Auch Schiller erkrankt; auf ärztliches Anraten unterzieht er sich einer rigorosen Hungerkur, die ihn fast umbringt. An Henriette von Wolzogen schreibt er: »Schon vierzehn Tage habe ich weder Fleisch noch Fleischbrühe gesehen. Wassersuppe heute, Wassersuppe morgen, und dieses geht so mittags wie abends. Allenfalls gelbe Rüben oder saure Kartoffeln. Fieberrinde eß ich wie Brot, und ich habe sie mir expreß von Frankfurt verschrieben...«

Bei seinem Versuch, gegen die tückische Krankheit anzugehen, mutet sich Schiller, der schon als Regimentsmedicus auf Gewaltkuren setzte, zuviel zu; er drückt das Fieber, kuriert es nicht aus, so daß es sich nur oberflächlich zurückzieht und ihn in der Folge ein Leben lang begleitet. In Mannheim ruiniert Schiller seine Gesundheit, will es aber nicht wahrhaben, obwohl er in Momenten erschöpfter Ruhe bereits ahnt, was er sich eingefangen hat. An Frau von Wolzogen schreibt er: »Denken Sie sich in meine äußerst anstrengende Situation – um mit Anstand hier zu leben und die mir vorgesetzte Summe Geld zur Bezahlung meiner Schulden herauszuschlagen – um zugleich die Ungeduldigkeit des Theaters und die Erwartungen des hiesigen Publikums zu befriedigen, habe ich unter meiner Krankheit mit dem Kopf arbeiten müssen und durch starke Portionen China (Chinin) meine wenigen Kräfte so hinhalten müssen, daß mir dieser Winter vielleicht auf zeitlebens einen Stoß versetzte...«

Endlich, am 11. Januar 1784, erfolgt die Uraufführung des *Fiesko*. Sie wird ein Mißerfolg, das Publikum zeigt sich gelangweilt. Schiller nimmt es gelassen: Er hatte das Stück ein weiteres Mal umgeschrieben, die Regie verpaßte ihm ein bombastisches Finale, das aber auch nichts mehr retten konnte. Nach nur drei Aufführungen nimmt Dalberg den *Fiesko,* der »besser Fiasko geheißen hätte«, wie ein boshafter Kritiker vermerkt, aus dem Programm.

Besser ergeht es Schiller mit der *Luise Millerin,* die bereits drei Monate später auf die Bühne kommt. Auf Vorschlag des Starschauspielers Iffland, der auch eine der Hauptrollen spielt, war das Stück in *Kabale und Liebe* umbenannt worden, ein, wie man fand, deutlich zugkräftigerer Titel, der dazu beitrug, das Publikum ins Theater zu locken. Schiller wohnt der Mannheimer Premiere bei; sein Freund Streicher berichtet: »Ruhig, heiter, aber in sich gekehrt und nur wenige Worte wechselnd erwartete Schiller das Aufrauschen des Vorhangs. Aber als nun die Handlung begann – wer vermöchte den tiefen, erwartenden Blick – das Spiel der unteren gegen die Oberlippe – das Zusammenziehen der Augenbrauen, wenn etwas nicht nach Wunsch gesprochen wurde – den Blitz der Augen, wenn auf Wirkung berechnete Stellen diese auch hervorbrachten – wer könnte dies beschreiben! – Während des ganzen ersten Aufzugs entschlüpfte ihm kein Wort, und nur zum Schluß wurde ein ›Es geht gut‹ gehört. Der zweite Akt wurde mit so vielem Feuer und ergreifender Wahrheit dargestellt, daß, nachdem der Vorhang schon niedergelassen war, alle Zuschauer auf eine damals ungewöhnliche Art sich erhoben und in stürmisches, einmütiges Beifallrufen und Klatschen ausbrachen. Der Dichter wurde so sehr davon überrascht, daß er aufstand und sich gegen das Publikum verbeugte. In seinen Mienen, in der edlen, stolzen Haltung zeigte sich das Bewußtsein, sich selbst genug getan zu haben, sowie die Zufriedenheit darüber, daß seine Verdienste anerkannt und mit Auszeichnung geehrt wurden.«

Ansonsten aber wird Schiller in Mannheim nicht froh. Er spürt, daß die Schauspieler mit seiner am Ideal ausgerichteten Sprache nichts anfangen können und lieber derbe Volksstücke hätten, die auf Effekte setzen. Schiller ist zudem ein Autor, der sich einmischt: Er wohnt den Proben bei, scheut sich nicht, einzugreifen und lautstark zu tadeln. Das kommt nicht gut an, die Schauspieler begegnen ihm mit hinhaltendem Widerstand.

Gewichtiger sind andere Sorgen, die ihm zu schaffen machen. Schon immer konnte Schiller mit Geld nicht sonderlich gut umgehen, was nicht weiter störend war, wenn er ohnehin kein Geld hatte. Inzwischen aber hat er sich verschuldet und einen Großteil seines knappen Jahresgehalts darauf verwendet, sich neu, d. h. standesgemäß, einkleiden zu lassen – eine unsinnige Investition, wie er bald feststellt, denn aus der Schuldenfalle, die sich immer enger um ihn zieht, kommt er nicht mehr heraus. Einige seiner Gläubiger, bislang noch zurückhaltend, werden fordernder und schlagen einen unfreundlichen Ton an. In dieser Situation erinnert er sich seines Bauerbacher Refugiums, das ihm wie ein verlorenes Paradies vorkommt. An Reinwald schreibt er: »Gott weiß, ich habe mein Leben hier nicht genossen … Ungeachtet meiner vielen Bekanntschaften, dennoch einsam und ohne Führung, muß ich mich durch meine Ökonomie hindurchkämpfen, zum Unglück mit allem versehen, was zu unnötigen Verschwendungen reizen kann. Tausend kleine Bekümmernisse, Sorgen, Entwürfe, die mir ohne Aufhören vorschweben, zerstreuen meinen Geist, zerstreuen alle dichterischen Träume und legen Blei an jeden Flug der Begeisterung. Den ganzen Winter hindurch verließ mich das kalte Fieber nicht. Bester Freund, ich bin hier noch nicht glücklich gewesen, und fast verzweifele ich, ob ich je in der Welt wieder darauf Anspruch machen kann. Halten Sie es für kein leeres Geschwätz, wenn ich gestehe, daß mein Aufenthalt in Bauerbach bis jetzt mein seligster gewesen, der vielleicht nie wieder kommen wird.« Der resignative Tonfall, den Schiller anschlägt, erscheint berechtigt, zumal ihn wenig später eine weitere Hiobsbotschaft erreicht: Dalberg weigert sich, seinen Vertrag als Theaterautor zu verlängern. Damit hat Schiller, gerade nach dem Erfolg von *Kabale und Liebe,* nicht gerechnet. Die Empfehlung des Intendanten, er möge sich lieber wieder in seinem erlernten Beruf als Mediziner betätigen, muß ihm wie blanker Hohn erscheinen. Schiller nimmt auch diesen Rückschlag scheinbar ungerührt hin. Mittlerweile hat er sich ein stabiles Selbstwertgefühl zugelegt, das vom äußeren Zuspruch weitgehend unabhängig bleibt. In einem Vortrag vor der Kurpfälzischen Gesellschaft, bei dem auch ein schlecht gelaunter Dalberg zugegen ist, gewinnt Schiller seiner persönlichen Befindlichkeit eine allgemeingültige Botschaft ab: Nur wer seine Bestimmung erkannt hat und ihr konsequent folgt, findet seinen Platz in der Gesellschaft und kann Gutes für sie bewirken. Es ist dies auch eine Frage der Würde, die sich jeder Mensch zusprechen muß – unabhängig von dem, was andere über ihn denken: »Dann nur, wenn wir bei uns selbst erst entschieden haben, was wir sind und was wir nicht sind, nur dann sind wir der Gefahr entgangen, von fremdem Urteil zu leiden – durch Bewunderung aufgeblasen oder durch Geringschätzung feig zu werden … Man verurteilt den jungen Mann, der, gedrungen von innerer Kraft, aus dem eigenen Körper einer Brotwissenschaft hervortritt und dem Rufe des Gottes folgt, der in ihm ist? – Ist das die Rache der kleinen Geister an dem Genie, dem sie nachzuklimmen versagen?«

Nachdem er als Theaterautor entlassen worden ist, verfällt Schiller auf eine merkwürdige Idee: Er möchte eine literarische Zeitschrift gründen, die *Rheinische Thalia* heißen soll. Da er keinen Verleger für sein Projekt findet, entschließt er sich, den Vertrieb selbst in die Hand zu nehmen, und wirbt um Subskribenten. In dem Anschreiben, das er für diesen Zweck aufsetzt, ist weniger von der geplanten Zeitschrift die Rede als vom Autor Schiller, der unaufgefordert Rechenschaft ablegt über seinen bisherigen Werdegang. Dabei wählt er wiederum die dramatische Pose: »Ich schreibe als Weltbürger, der keinem Fürsten dient. Frühe verlor ich mein Vaterland, um es gegen die große Welt auszutauschen, die ich eben nur durch die Fernröhre kannte. Ein seltsamer Mißverstand der Natur hat mich in meinem Geburtsort zum Dichter verurteilt. Neigung für Poesie beleidigte die Gesetze des Instituts, worin ich erzogen ward, und widersprach dem Plan seines Stifters. Acht Jahre rang mein Enthusiasmus mit der militärischen Regel, aber Leidenschaft für die Dichtkunst ist feurig und stark, wie die erste Liebe. Was sie ersticken sollte, fachte sie an. Verhältnissen zu entfliehen, die mir zur Folter waren, schweifte mein Herz in eine Idealenwelt aus – aber unbekannt mit der wirklichen, von welcher mich eiserne Stäbe schieden – unbekannt mit den Menschen –, unbekannt mit den Neigungen freier, sich selbst überlassener Wesen...« Jemand, der einen solchen Werdegang hinter sich bringt, hat nicht viele Möglichkeiten: Er wird entweder verrückt oder behauptet sich, mehr schlecht als recht, in einer gebrochenen Existenz. Oder er schafft Großes, was Schiller in kaum verbrämter Bescheidenheit für sich in Anspruch nimmt. Das Große allerdings, das er hervorbringt, ist nicht ausgewogen, nicht wohlproportioniert; es leidet unter einem Geburtsfehler, der vom Vergangenen herrührt: »Unbekannt mit Menschen und Menschenschicksalen mußte mein Pinsel notwendig die mittlere Linie zwischen Engel und Teufel verfehlen, mußte er ein Ungeheuer hervorbringen, das zum Glück in der Welt nicht vorhanden war, dem ich nur darum Unsterblichkeit wünschen möchte, um das Beispiel einer Geburt zu verewigen, die der naturwidrige Beischlaf der Subordination und des Genius in die Welt setzte. – Ich meine die *Räuber*…«

Der Erfolg der *Räuber*, so sieht es Schiller im nachhinein, war ein zweischneidiges Schwert. Einerseits ist er durch sein Stück bekannt geworden, sein Name zählt in literarischen Kreisen; andererseits wurde er dadurch aber auch aus vertrauten Bindungen gerissen und der Heimat verwiesen: »Die *Räuber* kosteten mir Familie und Vaterland in einer Epoche, wo noch der Ausspruch der Menge unser schwankendes Selbstgefühl lenken muß, wo das warme Blut eines Jünglings durch den freundlichen Sonnenblick des Beifalls munterer fließt, tausend einschmeichelnde Ahnungen künftiger Größe seine schwindelnde Seele umgeben und der göttliche Nachruhm in schöner Dämmerung vor ihm liegt – mitten im Genuß des ersten verführerischen Lobes, das unverhofft und unverdient aus entlegenen Provinzen mir entgegenkam, untersagte man mir in meinem Geburtsort bei Strafe der Festung – zu schreiben. Mein Entschluß ist bekannt – ich verschweige das Übrige…« Schiller will die Vergangenheit hinter sich lassen; er stellt sich der Öffentlichkeit und probt den Neuanfang: »Nunmehr sind alle meine Verbindungen aufgelöst. Das Publikum ist mir jetzt alles, mein Studium, mein Souverän, mein Vertrauter. Ihm allein gehöre ich jetzt an. Vor diesem und keinem anderen Tribunal werde ich mich stellen. Dieses nur fürchte ich und verehr' ich. Etwas Großes wandelt mich an bei der Vorstellung, keine andere Fessel zu tragen als den Ausspruch der Welt – an keinen anderen Thron mehr zu appellieren als an die menschliche Seele.«

Schillers Zeitschrift wird ein Fehlschlag: Nur wenige Interessenten melden sich, nach dem Erscheinen einer einzigen Ausgabe läßt er das Projekt wieder fallen und hat noch mehr Schulden als zuvor.

Auch in der Liebe ist Schiller kein anhaltender Erfolg beschieden. Er war schon immer leicht entflammbar, weiß aber seine Gefühle nicht recht einzuordnen; immer wieder setzt er hoch an und landet unsanft auf dem Boden der Tatsachen. Besonders angetan hatte es ihm 1783 die junge Margaretha Schwan, Tochter eines Mannheimer Verlegers. Ohne zuvor in näheren Kontakt mit seiner Auserwählten getreten zu sein, bittet Schiller eines Tages den überraschten Vater um die Hand seiner Tochter – ein seltsamer Einfall, den der Dichter in *Kabale und Liebe* selbst noch konterkariert hatte. Dort nämlich heißt es: »Einem Liebhaber, der den Vater zu Hilfe ruft, trau' ich – erlauben Sie – keine hohle Haselnuß zu. Ist er was, so wird er sich schämen, seine Talente durch diesen altmodischen Kanal vor seine Liebste zu bringen. Hat er's Courage nicht, so ist er ein Hasenfuß, und für den sind keine Luisen gewachsen...«

Der Vater, den Schiller um die Hand seiner Tochter bittet, hat denn auch nur die freundliche Empfehlung parat, den letzten Schritt nicht vor dem ersten zu tun: Vor den Vätern sollten die Töchter kontaktiert werden, das sei ein bewährter Brauch, der auch für Dichter gelte. Schiller beschließt daraufhin, seine Brautwerbung, die noch gar nicht begonnen hat, wieder einzustellen. Besser geht es ihm mit Charlotte von Kalb. Als er sie kennenlernt, ist sie 23 Jahre jung und von ansprechendem Äußeren. Sie begeistert sich für die Dichtkunst, als deren verfügbaren und herausragenden Vertreter sie den Autor Friedrich Schiller nimmt, der sich anfänglich nur geschmeichelt zeigt, dann jedoch in tiefere Gefühlsverstrickungen gerät. Charlotte von Kalb hat allerdings einen nicht ganz unerheblichen Nachteil: Sie ist verheiratet. Ihr Mann dient als Major, bevorzugt Herrenrunden und ist wesentlich älter als seine Frau, die später, viel später, nach ihrer Bekanntschaft mit Schiller, selber zu schreiben beginnt und im Rückblick auf ihre Ehe den gewöhnlichen Lauf der Liebe mit den Begriffen »Sturm, Entlaubung, Frost und Erstarren« charakterisiert.

Schiller gerät in eine Leidenschaftlichkeit, die er so nicht haben will; er möchte eine Liebe, die klaren Herzens ist und keine komplizierten Besitzverhältnisse kennt. Die vermag ihm Charlotte von Kalb nicht zu geben, wohl aber einen himmelstürmenden Enthusiasmus der Gefühle, in dem man sich verlieren kann, ohne dafür etwas zu finden. In einem Gedicht jener Zeit, das den bezeichnenden Titel *Freigeisterei der Leidenschaft* trägt, hat Schiller versucht, seinen Zustand zu beschreiben: »Nein – länger, länger werd ich diesen Kampf nicht kämpfen, / Den Riesenkampf der Pflicht. / Kannst du des Herzens Flammentrieb nicht dämp-

fen, / So fordre, Tugend, dieses Opfer nicht. / –
Geschworen hab ich's ja, ich hab's geschworen, /
Mich selbst zu bändigen. / Hier ist dein Kranz. Er
sei auf ewig mir verloren, / Nimm ihn zurück, und
laß mich sündigen. – Sieh, Göttin, mich zu dei-
nes Thrones Stufen, / Wo ich noch jüngst, ein fre-
cher Beter, lag, / Mein übereilter Eid sei widerru-
fen, / Vernichtet sei der schreckliche Vertrag…«

Just als Schiller nicht mehr ein noch aus weiß,
erhält er ein Päckchen von vier jungen Verehrern
aus Leipzig. Er hat es zunächst ungeöffnet liegen-
gelassen; nun macht er es auf und entdeckt vier Miniaturporträts, eine aus Seide gestickte Brieftasche
und eine Komposition zu den *Räubern*. In dem
Begleitschreiben, das der Absender dem Päckchen
beigelegt hat, wird Schiller Mut zugesprochen – gerade für jene Stunden, in denen »ihn«, so liest er,
»der Zweifel müde macht, ob seine Zeitgenossen
wert wären, daß er für sie arbeitete«. Der Absender des Päckchens heißt Christian Gottfried Körner, ist 28 Jahre alt und wohlhabender Jurist. Mehr
als für Rechtswissenschaft und Verwaltungsangele-
genheiten interessiert sich Körner für die schönen
Künste; er malt und komponiert, nur ans Dichten
hat er sich noch nicht gewagt. Zusammen mit seiner Verlobten Minna Stock, deren Schwester Dora,
von der die Miniaturporträts stammen, und Kör-

ners Freund Ludwig Ferdinand Huber begeistert er sich schon seit längerem für Schiller, ohne es bislang gewagt zu haben, dem Dichter näherzutreten. Schiller ist gerührt über die Aufmunterung und Verehrung, die ihm da widerfährt, und fühlt sich angesprochen. Am 10. Februar 1785 schreibt er nach Leipzig: »Wenn Sie mit einem Menschen vorlieb nehmen wollen, der große Dinge im Herzen herumgetragen und kleine getan hat; der bis jetzt nur aus seinen Torheiten schließen kann, daß die Natur ein eignes Projekt mit ihm vorhatte; der in seiner Liebe schrecklich viel fordert und bis hierher noch nicht einmal weiß, wie viel er leisten kann; der aber etwas anderes mehr lieben kann als sich selbst und keinen nagenderen Kummer hat, als daß er das so wenig ist, was er so gern sein möchte – wenn Ihnen ein Mensch wie dieser lieb und teuer werden kann, so ist unsere Freundschaft ewig, denn ich bin dieser Mensch…« Kurz darauf bricht der Brief ab und wird erst zwölf Tage später, am 22. Februar 1785, wieder aufgenommen. Schiller macht dazu nur eine dunkle Andeutung, daß zwischenzeitlich »eine Revolution« in ihm »vorgegangen« sei, die eine grundsätzliche Entscheidung nötig gemacht habe. Man kann mutmaßen, daß die »Revolution« in seiner Beziehung zu Charlotte von Kalb stattfand; Schiller war zu dem Ergebnis gekommen, daß diese Liebe, wenn es denn eine Liebe war, keine Zukunft hatte – er mußte handeln, aus Selbstschutz und im Vorgriff auf die so lang schon ersehnten besseren Zeiten. An seine neuen Freunde in Leipzig schreibt er: »Ich kann nicht mehr in Mannheim bleiben. In einer unnennbaren Bedrängnis meines Herzens schreibe ich Ihnen, meine Besten. Ich kann nicht mehr hierbleiben. Zwölf Tage habe ich's in meinem Herzen wie den Entschluß, aus der Welt zu gehen. Menschen, Verhältnisse, Erdreich und Himmel sind mir zuwider. Ich habe keine Seele hier, keine einzige, die die Leere meines Herzens füllte, keine Freundin, keinen Freund, und was mir vielleicht noch teuer sein könnte, davon scheiden mich Konvenienz und Situation. – Mit dem Theater habe ich meinen Kontrakt aufgehoben, also die ökonomische Rücksicht meines hiesigen Aufenthalts bindet mich nicht mehr ... Aber vor allem andern lassen Sie mich's frei heraussagen, meine Teuersten, und lächeln Sie auch meinetwegen über meine Schwächen – ich muß Leipzig und Sie besuchen. Oh, meine Seele dürstet nach neuer Nahrung – nach besseren Menschen – nach Freundschaft, Anhänglichkeit und Liebe ... Ich muß zu Ihnen, muß in Ihrem nähern Umgang mein eigenes Herz wieder genießen lernen und mein ganzes Dasein in einen lebendigeren

Schwung bringen. Meine poetische Ader stockt, wie mein Herz für meine bisherigen Zirkel vertrocknete. Sie müssen sie wieder erwärmen... Ich werde glücklich sein. Ich war's noch nie...«

Damit beginnt eine neue Etappe in Schillers Leben, das sich nun, so als würde es vielleicht doch noch in bester Absicht befördert, allmählich zum Besseren wendet...

Aufgehoben wie im Himmel

Am 17. April 1785 kommt Schiller in Leipzig an. Er fühlt sich »zerstört und zerschlagen«. Daß er überhaupt die Reise antreten konnte, war Körner zu verdanken, der ihm zuvor, ohne Aufhebens davon zu machen, mit einem großzügig bemessenen Reisekostenzuschuß aus der Klemme geholfen hatte, von dem Schiller sogar noch einen Teil seiner Schulden abbezahlen konnte. Er steigt zunächst im Gasthof *Zum Blauen Engel* ab. Das Empfangskomitee, das ihn in Empfang nimmt, besteht aus den Schwestern Minna und Dora Stock und dem jungen Huber; Körner ist beruflich verhindert und läßt sich entschuldigen. Nachdem sich die anfängliche Befangenheit gelegt hat, kommt man ins Gespräch, und es stellt sich eine Vertrautheit ein, die alle Beteiligten, im nachhinein, als ebenso überraschend wie beglückend empfinden. Minna Stock berichtet: »Wir waren fast mehr von Furcht als von Freude bewegt, als Huber uns den Besuch Schillers ankündigte, denn wir konnten uns den Dichter der *Räuber*… gar nicht anders als im Wesen und Anzug wie einen Karl Moor oder wie einen von dessen Gefährten aus den Böhmischen Wäldern vorstellen, mit Kanonenstiefeln und Pfundsporen, den rasselnden Schleppsäbel an der Seite. Wie sehr waren wir überrascht, als uns Huber einen blonden, blauäugigen, schüchternen jungen Mann vorstellte, dem die Tränen in den Augen standen und der kaum wagte, uns anzureden. Doch schon bei diesem ersten Besuch legte sich die Befangenheit, und er konnte uns nicht oft genug wiederholen, wie dankbar er es anerkenne, daß wir ihn zum glücklichsten Menschen unter der Sonne gemacht hätten.«

Schiller lebt sich schnell ein in Leipzig. Von den beiden Schwestern wird er umsorgt, und Körner erscheint ihm wie ein Freund, den er schon von Jugend auf kennt. Geschmeichelt fühlt er sich auch, wenn man ihn im Kaffeehaus als Autor der *Räuber* anspricht, was jedoch nicht lange anhält, denn bald geht ihm die unverblümte Art mancher Zeitgenossen, die sich unaufgefordert zu ihm an den Tisch setzen, gehörig auf die Nerven. Als es ihm zu bunt wird, notiert er einen unfreundlichen Satz, den auch manche seiner heutigen Kollegen, die sich gern belästigt vorkommen, unterschreiben würden: »Weil sie wie Geschmeißfliegen um einen Schrift-

steller herumsumsen, einen wie ein Wundertier an-
gaffen und sich obendrein gar, einiger vollgekleck-
ster Bogen wegen, zu Kollegen aufwerfen, mag ich
sie nicht...«

Ansonsten aber ist Schiller bester Laune. Im Mai
1785 bezieht er mit Huber und den Schwestern
Stock ein Landhaus in Gohlis bei Leipzig. Hier
fühlt er sich wieder an die Bauerbacher Idylle
erinnert. Er bewohnt ein Dachzimmer, in dem er,
der knappe 1,90 m mißt, den Kopf einziehen und
in einem zu kleinen Bett nächtigen muß. Und obwohl die räumlichen Verhältnisse schon beengt
genug sind, bekommt er Anfang Juni noch einen
Mitbewohner aufs Zimmer gelegt: Georg Joachim
Göschen heißt er, ist 23 Jahre jung und wird später, als sie längst miteinander befreundet sind,
Schillers Verleger. Der gemeinsamen Zeit mit seinem berühmten Autor hat Göschen ein liebevolles
Andenken bewahrt: »Ich habe mit Schiller ein hal-
bes Jahr auf einer Stube gewohnt, und er hat mir
die zärtlichste Achtung und Freundschaft einge-
flößt. Es ist mir sein sanftes Betragen und die sanfte
Stimmung seiner Seele im geselligen Zirkel, verglichen mit den Produkten seines Geistes, ein großes
Rätsel. Ich kann Ihnen nicht sagen, wie nachgebend
und dankbar er gegen jede Kritik ist, wie sehr er an
seiner moralischen Vollkommenheit arbeitet und

wie viel Hang er zum anhaltenden Denken hat...
Dieser Schiller hat mich und die anderen Freunde oft mit dem größten Ernst, mit hinreißender Beredsamkeit, mit Tränen in den Augen ermuntert, ja alle unsere Kräfte, ein jeder in seinem Fache, anzuwenden, um Menschen zu werden, die die Welt einmal ungern verlieren möchte. Wir alle haben ihm viel zu verdanken. Und in der Stunde des Todes werde ich mich seiner mit Freude erinnern...«

Schiller fühlt sich so gut wie schon lange nicht mehr. Besonders der belesene und hochgebildete Körner wird ihm zu einem Freund, wie er ihn immer gesucht hat. Was allerdings auch Körner nicht schafft, ist, Schiller zu ein wenig mehr Achtsamkeit im Hinblick auf seine äußere Erscheinung anzuhalten, die, finden manche seiner Mitmenschen, deutlich zu wünschen übrigläßt. Eine Bekannte von Dora Stock vermerkt: »Schillers gewöhnliche Kleidung bestand in einem dürftigen grauen Rock, und der Zubehör entsprach in Stoff und Anordnung keineswegs auch nur den bescheidensten Anforderungen des Schönheitssinnes. Neben diesen Mängeln der Toilette machte seine reizlose Gestalt und der häufige Gebrauch des Spanioltabaks einen ungünstigen Eindruck...«

Schillers neue Freunde sind wie eine Familie für ihn, und diese Familie kommt gut miteinander aus.

Zudem versteht sie die Feste zu feiern, wie sie fallen. Anfang Juli trifft sich Schiller mit Körner, Göschen, Huber und den Schwestern Stock auf dem Rittergut Kahnsdorf bei Leipzig. Dort erlebt er einen geradezu berauschenden Sommertag im Kreise seiner Lieben. Am Morgen danach schreibt er an Körner, der sich bereits auf dem Rückweg nach Gohlis befindet: »Bester Freund, der gestrige Tag... wird unvergessen bleiben, solange ich lebe. Gäbe es Geister, die uns dienstbar sind und unsere Gefühle und Stimmungen durch eine sympathetische Magie fortpflanzen und übertragen, Du hättest die Stunde zwischen halb acht und halb neun vormittags in der süßesten Ahndung empfinden müssen. Ich weiß nicht mehr, wie wir eigentlich dazu kamen, von Entwürfen für die Zukunft zu reden. Mein Herz wurde warm. Es war nicht Schwärmerei – philosophisch feste Gewißheit war's, was ich in der herrlichen Perspektive der Zeit vor mir liegen sah. Mit weicher Beschämung, die nicht niederdrückt, sondern männlich emporrafft, sah ich rückwärts in die Vergangenheit, die ich durch die unglückliche Verschwendung mißbrauchte. Ich fühlte die kühne Anlage meiner Kräfte, das mißlungene (vielleicht große) Vorhaben der Natur mit mir. Eine Hälfte wurde durch die wahnsinnige Methode meiner Erziehung und die

Mißlaune meines Schicksals, die zweite und größere aber durch mich selber vernichtet. Tief, bester Freund, habe ich das empfunden, und in der allgemeinen feurigen Gärung meiner Gefühle haben sich Kopf und Herz zu einem herkulischen Gelübde vereinigt – die Vergangenheit nachzuholen und den edlen Wettlauf zum höchsten Ziele von vorn anzufangen...«

Schiller ist gerührt über sich selbst. Er besitzt das Talent zur Verklärung, das dem Menschen hilft, sich mit seiner Vergangenheit so gewinnträchtig zu arrangieren, daß sich aus ihr Kraft schöpfen läßt für eine insgesamt unbefriedigende Gegenwart. Den gerade erlebten Tag der Freundschaft verklärt sich Schiller zu einer bleibenden Episode, in der auch das Beiläufige Gewicht annimmt: »Unsere Unterredung hatte diese Wendung genommen, als wir ausstiegen, um unterwegs ein Frühstück zu nehmen. Wir fanden Wein in der Schenke. Deiner Gesundheit wurde getrunken. Stillschweigend sahen wir uns an, unsere Stimmung war feierliche Andacht, und jeder von uns hatte Tränen in den Augen, die er sich zu ersticken zwang. Göschen bekannte, daß er dieses Glas Wein noch in jedem Gliede brennen fühle, Hubers Gesicht war feuerrot, als er uns gestand, er habe noch keinen Wein so gut gefunden, und ich dachte mir die Einsetzung des Abendmahls – ›Dieses tut, so oft ihr trinket, zu meinem Gedächtnis‹. Ich hörte die Orgel gehen und stand vor dem Altar. Jetzt erst fiel's uns auf die Seele, daß heute Dein Geburtstag war. Ohne es zu wissen, haben wir ihn heilig gefeiert... Der Himmel hat uns seltsam einander zugeführt, aber in unsrer Freundschaft soll er ein Wunder getan haben. Eine dunkle Ahndung ließ mich so viel, so viel von euch erwarten, als ich meine Reise nach Leipzig beschloß, aber die Vorsehung hat mir mehr erfüllt, als sie mir zusagte...«

Auch in anderer, nicht zu unterschätzender Hinsicht erweist sich Körner als Freund nach Schillers Geschmack: Er ist nicht nur klug und einfühlsam, sondern auch großzügig. Als Schiller, dem es noch immer nicht gelungen war, seine Schulden abzubauen, auf seine wenig erfreuliche Finanzlage zu sprechen kommt, was ihm weniger peinlich ist, als man vermuten möchte, bietet ihm Körner, der sich durch ein beträchtliches Familienvermögen abgesichert weiß, dezent seine Hilfe an: »Wenn ich noch so reich wäre und Du ganz überzeugt sein könntest, welch ein geringes Objekt es für mich wäre, Dich aller Nahrungssorgen auf Dein ganzes Leben zu überheben: so würde ich es doch nicht wagen, Dir eine solche Anerbietung zu machen. Ich weiß, daß Du im Stande bist, sobald Du nach Brot arbeiten willst, Dir alle Deine Bedürfnisse zu verschaffen. Aber ein Jahr wenigstens laß mir die Freude, Dich aus der Notwendigkeit des Brotverdienens zu setzen... Auch kannst Du mir meinethalben nach ein paar Jahren alles wieder mit Zinsen zurückgeben, wenn Du im Überfluß bist.« Schiller nimmt das Angebot an und bedankt sich überschwenglich. Körner will davon nichts wissen; er hat, meint er, nur getan, was man unter Freunden tun muß, wenn der eine die Hilfe des anderen braucht: »Von jeher habe ich das Geld so gering geschätzt, daß es mich immer angeekelt hat, mit Seelen, die mir teuer waren, davon zu reden. Es sollte mir weh tun, wenn Du mir zutrauen könntest, daß ich einen Wert auf Handlungen legte, die Leuten von unserer Art bloß natürlich sind. Nicht einen Augenblick habe ich gezweifelt, daß ich bei umgekehrten Verhältnissen eben das von Dir zu erwarten hätte. Ich hoffe also nicht, daß Du das jemals in Anschlag bringen wirst, wenn von dem, was wir einander sind, die Rede ist...«

Am 7. August 1785 heiratet Körner seine Verlobte Minna Stock. Das junge Paar zieht nach Dresden, Schiller bleibt allein zurück. Zuvor ist er noch vom Pferd gefallen, seine Stimmung trübt sich merklich. Er läßt Körner wissen: »Ich muß zu Euch – und auch meine Geschäfte fordern Ruhe,

Muße und Laune. In Eurem Zirkel allein kann ich sie wiederfinden...« Sein Wunsch wird umgehend erhört. Er zieht zu den Körners nach Dresden, die im Vorort Loschwitz ein anmutiges Domizil, das »Weinberghäuschen«, bezogen haben. Schillers Lebensgeister kehren zurück und legen sogar noch mal zu: Seit dem denkwürdigen Tag der Freundschaft hat er sich nicht mehr so unbeschwert und heiter gefühlt. Nachdem er sich in seinem Zimmer im Erdgeschoß eingerichtet hat, gibt er Huber, der in Gohlis geblieben war, einen ausführlichen Lagebericht: »Was bisher meine heißesten Wünsche erzielten, hab ich nun endlich erlangt. Ich bin hier im Schoß unserer Lieben aufgehoben wie im Himmel. Ich würde es wagen, Dich in das Innere meiner Seele hineinzuführen und Dir die Geschichte meines Herzens von gestern zu beschreiben, wenn ich Dich solange könnte vergessen machen, daß ich Dichter bin. Laß Dir's also mit trocknen Worten malen: Mir ist wohl, und in der jetzigen Fassung meines Gemüts kenne ich keine andere Besorgnis mehr als die Furcht vor dem allgemeinen Los der zerstörenden Zeit. Ich schreibe Dir auf meinem Zimmerchen im Weinberg, über mir höre ich unsre lieben Weiberchen herumkramen in häuslichen Geschäften und mitunter auf dem Klavier klimpern. Wie viel Stimmung gibt mir das zu einer Unterhaltung mit Dir! Zwölf Uhr in der Nacht war es, als wir über die Brücke fuhren. Ich sah hinter mir in der Neustadt, in der Gegend, worin ich Körners Haus vermutete, einige Häuser erleuchtet, und mein Herz wollte mich bereden, daß Körners darunter war. Den andern Morgen ließ ich mich in einer Portechaise hintragen, weil es ganz entsetzlich regnete, und die Freude unseres Wiedersehens – und eines solchen Wiedersehens – war himmlisch …« Was Schiller erfährt, ist eine auf seine Bedürfnisse fein abgestimmte Geborgenheit. Mehr braucht er nicht für den Moment: Er wählt die Freundschaft und verzichtet dafür auf die Liebe, die er bislang nur als mal verwirrende, mal beängstigende Himmelsmacht kennengelernt hat, vor der sich, wer geordnete Verhältnisse bevorzugt, besser in acht nehmen sollte. Schiller beschreibt einen für ihn idealtypischen Zustand, der sich auf längere Sicht allerdings nicht durchhalten läßt: »Der gestrige Abend hier auf dem Weinberge war mir ein Vorgeschmack auf alle folgenden. Während Dorchen und Minna auspackten und im Hause sich beschäftigten, hatten Körner und ich philosophische Gespräche. Jetzt wird er anfangen, tätig zu werden. O, liebster Freund, das sollen göttliche Tage werden. – Diese Nacht habe ich zum erstenmal unter einem Dache mit unsern Lieben geschlafen. Minna ist ein so liebes Hausweibchen. Sie haben mich gestern Nacht in Prozession auf mein Zimmer gebracht, wo ich alles zu meiner Bequemlichkeit schon bereitet fand. Heute beim Erwachen hörte ich über mir auf dem Klavier spielen, Du glaubst nicht, wie mich das belebte ...« Von Minna, dem »lieben Hausweibchen«, ist ein Brief erhalten, der davon berichtet, wie Schiller die Harmonie des gemeinsamen Hausstandes zelebriert: »Als Schiller mit uns am ersten Morgen hier in Loschwitz unter dem Nußbaum an unserm Frühstückstisch saß, brachte er eine Gesundheit auf ein frohes Zusammenleben aus; die Gläser klangen hell, aber Schiller stieß in seiner enthusiastischen Stimmung so heftig mit mir an, daß sein Glas in Stücke sprang. Der Rotwein floß über das zum erstenmal aufgelegte Damasttuch zu meinem Schreck. Schiller rief: ›Eine Libation für die Götter! Gießen wir unsere Gläser aus!‹ Körner und Dora folgten Schillers Beispiel; darauf nahm dieser die geleerten Gläser und warf sie, daß sie sämtlich in Stücke sprangen, über die Gartenmauer auf das Steinpflaster mit dem leidenschaftlichen Ausruf: ›Keine Trennung! Keiner allein! Sei uns ein gemeinsamer Untergang beschieden!‹«

In den anderthalb Jahren, die Schiller in Dresden zubringt, beendet er den *Don Carlos,* an dem er bereits in Mannheim gearbeitet hatte; er schreibt die Erzählung *Der Verbrecher aus Infamie* (späterer Titel: *Der Verbrecher aus verlorener Ehre*) und beginnt mit dem Roman *Der Geisterseher,* der ihm keine literarischen Ehren, sondern »Geld einbringen« soll. Auch eines von Schillers berühmtesten Gedichten, zu dem er später allerdings auf Distanz geht, entsteht in Dresden, die Ode *An die Freude,* die durch Beethovens Vertonung bis heute populär geblieben ist. In mancher Strophe klingt das Gedicht allerdings so, als habe es Schiller gleich nach dem von Minna beschriebenen Frühstück aufs Papier geworfen: »Schließt den heiligen Zirkel dichter, / Schwört bei diesem goldnen Wein; / Dem Gelübde treu zu sein, / Schwört es bei dem Sternenrichter! / – Rettung von Tyrannenketten, / Großmut auch dem Bösewicht, / Hoffnung auf den Sterbebetten, / Gnade auf dem Hochgericht! / Auch die Toten sollen leben! / Brüder trinkt und stimmet ein, / Allen Sündern soll vergeben, / Und die Hölle nicht mehr sein.«

Die Schattenseite eines unentwegt beschworenen Überschwangs ist jähe Melancholie. Mit ihr hat Schiller zu kämpfen, wenn seine Dresdner Freunde auf Reisen sind und er, ohne es zu wollen, auf sich selbst zurückgeworfen wird. Was an sich ja das produktive Privileg eines Schriftstellers ausmacht, nämlich im großzügig durchmessenen Alleinsein aus sich selbst zu schöpfen, mag Schiller zu jener Zeit nicht als Geschenk annehmen; stattdessen verfällt er ins Grübeln, sieht den Geniestreich des Ich, den er ansonsten nicht genug preisen kann, als verlorene Liebesmüh, die sich, angesichts der Begrenztheit des irdischen Treibens, noch in ihrem Gelingen überhebt und notwendig scheitern muß. In einem Brief an Huber heißt es: »Enthusiasmus und Ideale, mein Teuerster, sind unglaublich tief in meinen Augen gesunken... Enthusiasmus ist der kühne, kräftige Stoß, der die Kugel in die Luft wirft, aber derjenige hieße ja ein Tor, der von dieser Kugel erwarten wollte, daß sie ewig in dieser Richtung und ewig mit dieser Geschwindigkeit auslaufen sollte. Die Kugel macht einen Bogen, denn ihre Gewalt bricht sich in der Luft. Aber im süßen Moment der idealischen Entbindung pflegen wir nur die treibende Macht, nicht Fallkraft und nicht die widerstehende Materie in Rechnung zu bringen. Überblättre diese Allegorie nicht, mein Bester, sie ist gewiß mehr als eine poetische Beleuchtung, und wenn Du aufmerksam darüber nachgedacht hast, so wirst Du das Schicksal aller menschlichen Pläne gleichsam in einem Symbol darin angedeutet finden. Alle steigen und zielen nach dem Zenith empor, wie die Rakete, aber alle beschreiben diesen Bogen und fallen rückwärts zu der mütterlichen Erde...«

Es läßt sich nicht mehr verbergen: Langsam, aber sicher wird Schiller unzufrieden in Dresden. Er versucht, dem keine Bedeutung zuzumessen, zumal er schon früher für sich selbst erkannt hat, daß er ein unruhiger Geist ist, dem die Konzentration auf eine Sache und einen Ort schwerfällt. Sein Mißvergnügen wächst noch, als ihm eine Vermutung zur Gewißheit wird, die er schon länger mit sich herumträgt: Verglichen mit anderen, die regelmäßig Bücher lesen und damit zu ihrer eigenen Fortbildung beitragen, weiß er zu wenig; sein Wissensstand ist dürftig. Er gelobt Besserung: »Ich muß ganz andere Anstalten treffen mit Lesen... Ich fühle es schmerzlich, daß ich noch so erstaunlich viel lernen muß, daß ich säen muß, um zu ernten...« Dabei gilt sein besonderes Interesse der Geschichte. In ihr sieht er alles versammelt, was die Menschheit je gedacht, erlebt, erfühlt und erlitten hat. Gerade ein Dichter kann aus der Geschichte seine Lehren ziehen: Das Einzelschicksal, das er beschreibt, findet seine Entsprechung in den großen historischen Verlaufslinien, die sich, einem untergründigen Muster folgend, zusammenfügen und zur schicksalhaften Fügung für das Individuum werden. In der Geschichte, die sich nicht selbst reflektieren kann, sondern eines Betrachters bedarf, der sie kenntnisreich zu deuten vermag, liegt alles nah beieinander: Glanz und Elend, Freiheit und Willkür, der kühne Entwurf und das tragische Scheitern. An Huber schreibt er: »Täglich wird mir die Geschichte teurer. Ich habe diese Woche eine Geschichte des Dreißigjährigen Krieges gelesen, und mein Kopf ist noch ganz warm davon. Daß doch die Epoche des höchsten Nationalelends auch zugleich die glänzendste Epoche menschlicher Kraft ist! Wie viele große Männer gingen aus dieser Nacht hervor! Ich wollte, daß ich zehn Jahre hintereinander nichts als Geschichte studiert hätte. Ich glaube, ich würde ein ganz anderer Kerl sein. Meinst Du, daß ich es noch werde nachholen können?«

Huber kann ihm diese Frage nicht beantworten, dafür ist Schiller selbst zuständig. Tatsächlich nimmt er sich später mit einem Eifer der Geschichte an, daß er, auch das kein ganz untypischer Vorgang für ihn, schon bald unter der Last der selbstauferlegten Wissensgewichte zu ächzen beginnt. Zunächst aber beklagt er weiterhin die Unzufriedenheit, die ihn besetzt hält und manchmal, in besonders unergiebigen Stunden, geradezu lähmt: »Ich bin jetzt fast ganz untätig. Warum, wird mir schwer zu sagen. Ich bin mürrisch und sehr unzufrieden. Kein Pulsschlag der vorigen Begeisterung. Mein Herz ist zusammengezogen, und die Lichter meiner Phantasie sind ausgelöscht. Sonderbar, fast jedes Erwachen und jedes Niederlegen nähert mich einer Revolution, einem Entschluß um einen Schritt mehr, den ich beinahe als ausgemacht vorhersehe. Ich bedarf einer Krisis. – Die Natur bereitet eine Zerstörung, um neu zu gebären. Kann wohl sein, daß Du mich nicht verstehst, aber ich verstehe mich schon. Ich könnte des Lebens müde sein, wenn es die Mühe verlohnte zu sterben...«

Schiller will seine »Krisis«, nun hat er sie. Er verbindet damit die Hoffnung auf Rückkehr einer Aufbruchstimmung, die ihn zu neuen Ufern drängen läßt. Er denkt an Ortswechsel. In Dresden gibt es nur noch einen Ort, der ihm genehm ist: das Haus seiner Freunde. Ansonsten wird er nun sehr unfreundlich, nennt die Dresdner »ein seichtes, zusammengeschrumpftes, unleidliches Volk, bei dem es einem nie wohl wird«.

Kurz darauf muß er allerdings eine Ausnahme von diesem harschen Urteil machen: Er verliebt sich in die junge Dresdnerin Henriette von Arnim. Sie hat glühende Augen, ist dunkelhaarig und nimmt ihn in einer Weise gefangen, wie er es, meint er – und kann sich dabei wieder mal nicht so ganz gut erinnern –, zuvor noch nie erlebt hat. Die Freunde sind darüber nicht glücklich; besonders Minna hält gar nichts von seiner neuen Flamme und versucht ihn zur Vernunft zu bringen, indem sie handfeste Gerüchte erwähnt, die besagen, daß die junge Dame auch anderen Herren zugetan sei, sich bereitwillig mit Geschenken verwöhnen lasse und, alles in allem, möglicherweise gar keine Dame sei. Schiller ist verärgert und verbittet sich die Einmischung in seine Privatangelegenheiten. Um bei den Geschenken für Henriette von Arnim mithalten zu können, muß er neue Schulden machen. Da ihn das schlechte Gewissen plagt, wagt er es nicht, Körner anzupumpen, sondern begibt sich zu einem Privatbankier mit zweifelhaftem Ruf, der ihm schnelles Geld zu unverschämten Zinsen verschafft. Als Schillers Gefühlslage immer unübersichtlicher wird und er zu begreifen beginnt, daß Henriette mehr auf ihren eigenen Vorteil aus ist als auf das Wohlergehen ihrer Verehrer, die sie ohne Bedenken gegeneinander ausspielt, zieht er sich für einige Tage aufs Land zurück, wo er sich durch Spaziergänge und Lektüre abzulenken versucht. Schließlich glaubt er, sein Gleichgewicht wiedergefunden zu haben, und kehrt nach Dresden zurück. Die Freunde nehmen ihn gerührt wieder auf. Alles ist so wie vorher, aber der Eindruck täuscht: Schiller hat sich entschlossen, Dresden zu verlassen und nach Weimar zu gehen, das als Stadt Goethes, Herders und Wielands schon längst ein Ort ist, mit dem er geheime Hoffnungen verbunden hat.

So feiert man Abschied, ein wenig wehmütig, aber doch auch ausgelassen, denn es soll ja, ist das wechselseitige Versichern, kein Abschied auf Dauer sein. Er liest aus seinem *Don Carlos* vor, in dem er, wenn man so will, sich selbst auf die Bühne gebracht hat. Schiller heißt da nur nicht Schiller, sondern nennt sich Marquis Posa, und er spricht des Dichters Worte für die Ewigkeit: »Geben Sie, was Sie uns nahmen, wieder. Werden Sie / Von Millionen Königen ein König. / O, könnte die Beredsamkeit von allen / Den Tausenden, die dieser großen Stunde / Teilhaftig sind, auf meinen Lippen schweben, / Den Strahl, den ich in diesen Augen merke, / Zur Flamme zu erheben! – Geben Sie / Die unnatürliche Vergötterung auf, / Die uns vernichtet. Werden Sie uns Muster / Des Ewigen und Wahren. Niemals – niemals / Besaß ein Sterblicher so viel, so göttlich / Es zu gebrauchen. Alle Könige / Europens huldigen dem spanischen Namen. / Gehen Sie Europens Königen voran. / Ein Federzug von dieser Hand, und neu / Erschaffen wird die Erde. Geben Sie / Gedankenfreiheit…«

Schiller trifft am 21. Juli 1787 in Weimar ein, das

damals einen hervorragenden Ruf als Musensitz hat, auf den ersten und zweiten Blick aber alles andere als beeindruckend wirkt. Die Stadt gleicht einem größeren Dorf, und dörflich sind auch seine Strukturen geblieben: Mehr als 80 Prozent der Bevölkerung sind Bauern, Handwerker und Dienstboten. Schiller weiß das wohl, aber es stört ihn nicht, denn er will ja nicht mit der Mehrheit der Bevölkerung zusammentreffen, sondern zu den Großen von Weimar vorstoßen, allen voran Goethe. Der aber ist in diesem Sommer gar nicht in Weimar, und auch sein Dienstherr, Herzog Karl August, weilt auswärts.

Zunächst trifft Schiller seine alte Liebe Charlotte von Kalb wieder, die ihm die Einladung nach Weimar besorgt hat. Ihr erstes Treffen hat, notiert er, »etwas Gepreßtes, Betäubendes«, meint aber bereits anderthalb Stunden später, daß »die zerrissenen Fäden unseres Umgangs sich gleich wieder anknüpften…« Ein wenig selbstgefällig schreibt er an Körner: »Hier ist, wie es scheint, schon ziemlich über mich und Charlotte gesprochen worden. Wir haben uns vorgesetzt, kein Geheimnis aus unserm Verhältnis zu machen. Einige Male hatte man schon die Diskretion – uns nicht zu stören, wenn man vermutete, daß wir fremde Gesellschaft los sein wollten…«

Bald machen sich jedoch die alten Selbstzweifel bemerkbar, er ist nervös, fühlt sich beobachtet und hat Angst, den hochgesteckten Erwartungen, die man angeblich mit seinem Namen verbindet, nicht entsprechen zu können: »Die Erwartung, die mancherlei Dinge, die sich mir hier in den Weg werfen werden, hat meine ganze Besinnungskraft eingenommen. Überhaupt wißt ihr, daß ich bald von den Dingen, die mich umgeben und nahe angehen, betäubt werde. Das ist jetzt mein Fall, mehr und mit größerem Recht als jemals. Ich habe mit keinen Kleinigkeiten zu tun, und die vielerlei Verhältnisse, in die ich mich hier zerteilen muß, in deren jedem ich doch ganz gegenwärtig sein muß, erschreckt meinen Mut und läßt mich die Einschränkung meines Wesens fühlen...«

Dennoch schlägt sich Schiller wacker. Von seinem mehr als 25 Jahre älteren Dichterkollegen Wieland, der wie er aus Schwaben stammt, wird er ebenso freundlich empfangen wie von Johann Gottfried Herder, dem dritten der berühmten Weimarer Geistesgrößen. Beide allerdings, Wieland wie Herder, haben von Schiller wenig bis gar nichts gelesen; das Interesse, das sie für den Dichter der *Räuber* zeigen, ist also mit Vorsicht zu genießen. Er weiß das, fühlt sich jedoch nach seinen Antrittsbesuchen bestärkt: »Ich weiß nicht, wie ich zu der

Sicherheit meines Wesens, zu dem Anstand kam, den ich hier behauptete … Bis jetzt habe ich, wo ich mich zeigte, nirgends verloren … Die nähere Bekanntschaft mit den Weimarischen Riesen hat meine Meinung von mir selbst verbessert. Ich habe mich selbst für zu klein und die Menschen umher für zu groß gehalten … Ich habe viel Arbeit vor mir, um zu meinem Ziele zu gelangen, aber ich scheue sie nicht mehr.«

Der größte der »Weimarischen Riesen« ist Goethe, der jedoch noch immer durch Abwesenheit glänzt. Schiller hat den berühmtesten deutschen Dichter schon lange bewundert, sich aber zugleich immer, aus einer Art Selbstschutz heraus, zu kritischer Distanz angehalten. Wo alle mit ungebremster Bewunderung von einem Mann reden, muß er nicht auch noch mit einstimmen, darauf ist er festgelegt. Dennoch erinnert er sich noch gut daran, wie er bei einer Jahresabschlußfeier der Carlsschule für einen herausgehobenen Moment ganz nah bei Goethe stand, der damals als Begleiter des Herzogs von Weimar zu den illustren Festgästen gehörte. Damals war ihm durch den Kopf gegangen, daß er vielleicht eines Tages auch so weit nach vorn kommen könnte wie Goethe, der ein vom Schicksal Begünstigter ist, dem auf das leichteste zufällt, was anderen schwerfällt oder mißlingt.

Goethe also ist nicht da, aber Schiller schafft es, immerhin, schon einmal bis in seinen Garten. Körner berichtet er: »Dieser Tage bin ich auch in Goethes Garten gewesen beim Major von Knebel, seinem intimen Freund. Goethens Geist hat alle Menschen, die sich zu seinem Zirkel zählen, gemodelt. Eine stolze philosophische Verachtung aller Spekulation und Untersuchung mit einem bis zur Affektation getriebenen Attachement an die Natur und einer Resignation in seine fünf Sinne, kurz eine gewisse kindliche Einfalt der Vernunft bezeichnet ihn und seine ganze hiesige Sekte. Da sucht man lieber Kräuter oder treibt Mineralogie, als daß man sich in leeren Demonstrationen verfinge. Die Idee kann ganz gesund und gut sein, aber man kann auch viel übertreiben...«

Ende August fährt Schiller ins benachbarte Jena. Dort ist er, zusammen mit Charlotte von Kalb, Gast im Haus von Karl Leonhard Reinhold, einem bekannten Philosophen. Reinhold, Schwiegersohn Wielands, hat sich zum Statthalter der Philosophie Immanuel Kants aufgeschwungen und rät Schiller sogleich, die Werke des Königsberger Philosophen zu studieren, den man damals gerade als großen Denker entdeckt hat. Schiller, noch immer empfindlich, was seine Bildungslücken angeht, verspricht, das bisher Versäumte bei nächster Gelegenheit nachzuholen. Jena gefällt ihm, es erscheint ihm »ansehnlicher« als Weimar, weil »längere Gassen und höhere Häuser einen daran erinnern, daß man doch wenigstens in einer Stadt ist«. Reinhold eröffnet ihm zudem eine überraschende Perspektive: Schiller könne, wenn er sich dazu bereit fände, schon im nächsten Frühjahr als außerplanmäßiger Professor für Geschichte an der Universität Jena lehren. Solche Überlegungen sind Schiller bislang fremd gewesen, er sah und sieht sich als Schriftsteller, der seine wahren Möglichkeiten noch nicht ausgeschöpft hat. Trotzdem gibt ihm die vage Offerte, die Reinhold ins Spiel gebracht hat, zu denken. Insgeheim erhofft er sich nämlich noch immer eine Festanstellung, die genau auf ihn zugeschnitten ist: Er möchte mehr verdienen als seinerzeit in Mannheim, sich dabei aber nicht überarbeiten, sondern Zeit genug haben, um seinen literarischen Arbeiten nachgehen zu können. Zurück in Weimar, findet er noch einmal freundliche Worte für Jena: »Daß die Studenten hier was gelten, zeigt einem der erste Anblick, und wenn man sogar die Augen zumachte, könnte man unterscheiden, daß man unter Studenten geht, denn sie wandeln mit Schritten eines Niebesiegten ... Ich verließ Jena sehr vergnügt und tat ein Gelübde, es nicht zum letzten Mal gesehen zu haben...«

Schiller ist voller Tatendrang. Er spürt, daß sich, während er das Terrain von Weimar und Jena sondierte, einiges in ihm aufgestaut hat; nun muß er, wie er ungeduldig vermerkt, endlich »wieder produktiv werden«. In einem Brief an Huber zieht er die Bilanz seines bisherigen Aufenthalts: »Das Resultat aller meiner hiesigen Erfahrungen ist, daß ich meine Armut erkenne, aber meinen Geist höher anschlage, als bisher geschehen war. Dem Mangel, den ich in Vergleichung mit anderen in mir fühle, kann ich durch Fleiß und Applikation begegnen, und dann werde ich das glückliche Selbstgefühl meines Wesens rein und vollständig haben. Mich selbst zu würdigen, habe ich den Eindruck kennenlernen müssen, den mein Genius auf den Geist mehrerer entschieden großer Menschen macht. Da ich diesen nun kenne und den Vereinigungspunkt ihrer verschiedenen Meinungen von mir ausfindig gemacht habe, so fehlt meinem Urteil vor mir selbst nichts mehr. Um nun zu werden, was ich soll und kann, wird ich besser von mir denken lernen und aufhören, mich in meiner eigenen Vorstellungsart zu erniedrigen ...« Schiller wäre nicht Schiller, wenn er es nur bei einem löblichen Vorsatz belassen würde. Nicht nur sich selbst spricht er Mut zu, sondern dem Menschen an sich, der seine Zeit nutzen muß: »Glaube mir, es steht unendlich viel in unserer Gewalt, wir haben unser Vermögen nicht gekannt – dieses Vermögen ist die Zeit. Eine gewissenhafte sorgfältige Anwendung dieser kann erstaunlich viel aus uns machen. Und wie schön, wie beruhigend ist der Gedanke, durch den bloßen richtigen Gebrauch der Zeit, die unser Eigentum ist, sich selbst und ohne fremde Hilfe, ohne Abhängigkeit von Außendingen, sich selbst alle Güter des Lebens erwerben zu können. Mit welchem Recht können wir das Schicksal oder den Himmel darüber belangen, daß er uns weniger als andere begünstigte. – Er gab uns Zeit, und wir haben alles, sobald wir Verstand und ernstlichen Willen haben, mit diesem Kapitale zu wuchern.«

Schillers Interesse für die Geschichte ist mittlerweile nicht mehr bloße Theorie, sondern schlägt sich auch in der Praxis nieder: Er schreibt an einer umfangreichen *Geschichte des Abfalls der Vereinigten Niederlande von der Spanischen Regierung.* Dafür hat er viel gelesen; seine Zweizimmerwohnung in der Weimarer Esplanade ist mit Büchern vollgestopft, über die er, wenn er vom Schreibtisch aufsteht, auch schon mal stolpert. Als er Wieland aus seinem neuen Werk vorliest, schlägt der ihm vor Begeisterung auf die Schulter; Schiller sei der geborene Historiker, erklärt er, was dem Schriftsteller Schiller als ein eher zweifelhaftes Kompliment vorkommen muß. Im Dezember 1787 gönnt er sich eine Zwangspause von seiner Arbeit. Seine alte Förderin, die Freifrau von Wolzogen, hat ihn schon mehrfach eingeladen, sie doch noch einmal in Bauerbach zu besuchen. Er sagt zu, obwohl er Bedenken hat, daß die Begegnung mit einer Vergangenheit, die ihm noch in bester Erinnerung ist, enttäuschend verlaufen könnte. So kommt es denn auch: Schiller kann mit Bauerbach nicht mehr viel anfangen, was er jedoch weniger dem Ort ankreidet, sondern den Veränderungen zurechnet, die er, womöglich ohne davon zu wissen, zwischenzeitlich durchgemacht hat. An die Dresdner Freunde schreibt er: »Ich war also wieder in der Gegend, wo ich von 1782 bis 1783 als ein Einsiedler lebte. Damals war ich noch nicht in der Welt gewesen, ich stand sozusagen schwindelnd an ihrer Schwelle, und meine Phantasie hatte ganz erstaunlich viel zu tun. Jetzt nach fünf Jahren kam ich wieder, nicht ohne manche Erfahrungen über Menschen, Verhältnisse und mich. Jene Magie war wie weggeblasen. Ich fühlte nichts. Keiner von allen Plätzen, die ehemals meine Einsamkeit interessant machten, sagte mir jetzt etwas mehr... An dieser Verwandlung sah ich, daß eine große Veränderung mit mir selbst vorgegangen war. Und mußte sie nicht? Wie viele neue Gefühle, Schicksale und Situationen lagen nicht in diesem Zwischenraume. Eure Erscheinung, unsere ganze Freundschaft, ganz Mannheim mit seinen Freuden und Leiden, Charlotte, Weimar, eine ganz neue Epoche meines Denkens.«

Diese neue Epoche seines Denkens hat gerade erst begonnen, und sie hält noch manche Überraschung bereit. Nicht alles, was ihn erwartet, wird bedenkenswert sein; die Vernunft ist nicht alles im Leben, es gibt auch die Liebe, die immer dann kommt und sich stark macht, wenn man am wenigsten mit ihr rechnet...

Ein ganz anderer Mensch

Schon öfter hat Schiller daran gedacht, daß es ganz schön sein würde, wenn er eine Ordnung in sein Leben brächte, die ihm einen geregelten Tagesablauf und, darin auf das zweckmäßigste eingepaßt, auch eine Ökonomie des Denkens und Schreibens ermöglicht. Eine solche Ordnungsvorstellung verbindet er mit dem Gedanken der Ehe. Nicht eine Liebesheirat, die vom Überschwang der Gefühle ausgeht, denen Schiller zu mißtrauen gelernt hat, schwebt ihm vor, sondern ein ruhiges, von Achtung und Zuneigung getragenes Zweckbündnis, das sich als stabil und ausbaufähig erweist und sogar der Liebe offensteht, die ja auch in einer Vernunftehe bekanntlich nicht verboten ist.

Von Bauerbach aus hat Schiller seine Schwester Christophine besucht, die inzwischen mit seinem alten Freund Reinwald verheiratet ist und im nahen Meiningen wohnt. Christophine, die Schillers Warnungen vor Reinwalds Marotten seinerzeit souverän mißachtet hat, muß nun, so sieht er es, für ihren Leichtsinn büßen: Sie ist unglücklich, versucht das aber durch Munterkeit zu überspielen, und hat einen Mann an ihrer Seite, der, begünstigt noch durch das eigene Naturell, das ohnehin zum Mißmut neigt, ebenfalls unglücklich ist. Die Ehe seiner Schwester kann also für Schiller kein Vorbild sein; er hält sich lieber an das Ideal, das er aus seinen bisherigen durchaus überschaubaren Erfahrungen ableitet. Am 5. Dezember 1787 macht er auf dem Rückweg von Meiningen in Rudolstadt Station. Dort wohnt Louise von Lengefeld, eine verwitwete Tante seines Begleiters Wilhelm von Wolzogen. Die Tante erweist sich als nett, und sie hat etwas zu bieten, nämlich zwei attraktive Töchter, die Schiller auf Anhieb sehr sympathisch sind. An Körner, der von Schillers Frauengeschichten noch nie viel gehalten hat, schreibt er in betont nüchternem Tonfall: »In Rudolstadt habe ich mich auch aufgehalten und wieder eine recht liebenswürdige Familie kennengelernt. Eine Frau von Lengefeld lebt da mit einer verheirateten und einer noch ledigen Tochter. Beide Geschöpfe sind (ohne schön zu sein) anziehend und gefallen mir sehr. Man findet hier viel Bekanntschaft mit der neuen Literatur, Feinheit, Empfindung und Geist. Das Klavier spielen sie gut, welches mir einen recht schönen Abend machte...« Das hört sich unverdächtig an. In Wirklichkeit ist Schiller einigermaßen verwirrt: Beide Töchter gefallen ihm, was offensichtlich auf Gegenseitigkeit beruht. Caroline, die ältere, hat einen gewissen Hofrat von Beulwitz geheiratet, mit dem sie eine freudlose Beziehung führt. Ihre Ehe betrachtet sie mittlerweile als gescheitert und läßt ihren nicht unbeträchtlichen Charme anderen Männern zukommen. Einer davon ist Schiller, in dem sie sogleich einen Seelenverwandten ausmacht, zumal ihr nicht verborgen bleibt, daß der Dichter gerade bei einem Frauentyp schwach wird, wie sie ihn verkörpert: Er mag die sogenannten Koketten, die im Umgang mit Männern nicht zimperlich sind und ihre Reize, zu denen auch Witz und Geist gehören, zielsicher einzusetzen verstehen. Bei koketten Frauen steht Schiller von vornherein auf verlorenem Posten, jeder Widerstand ist zwecklos: »Es ist sonderbar, ich verehre, ich liebe die herzlich empfindende Natur, und eine Kokette, jede Kokette, kann mich fesseln. Jede hat eine unfehlbare Macht auf mich durch meine Eitelkeit und Sinnlichkeit, entzünden kann mich keine, aber beunruhigen genug. Ich habe hohe Begriffe von häuslicher Freude und doch nicht einmal so viel Sinn dafür, um mir sie zu wünschen. Ich werde ewig isoliert bleiben in der Welt, ich werde von allen Glückseligkeiten naschen, ohne sie zu genießen…«

Die Prognose, die Schiller da ein wenig trübsinnig stellt, sollte sich erfreulicherweise nicht erfüllen. Auf Dauer bevorzugt er, nicht ohne begleitende innere Kämpfe, seine »hohen Begriffe von häuslicher Freude«, für die, letzten Endes, Charlotte, die jüngere der Lengefeld-Töchter, einsteht, die sich bereits daran gewöhnt hat, im Schatten ihrer quirligen Schwester zu stehen, von der später übrigens ein persönliches Erinnerungsbuch vorgelegt wird, in dem die neugierige, an Indiskretionen interessierte Leserschaft zu ihrem Bedauern nur einige wenige pikante Andeutungen, nicht aber die erhofften Enthüllungen über das Dreiecksverhältnis der Schwestern mit ihrem Dichter findet. Charlottes zurückhaltende Art macht es Schiller nicht gerade leicht, sich zu entscheiden; so daß er in seiner Ratlosigkeit sogar die Überlegung anstellt, ob man nicht zu dritt einen harmonischen Bund fürs Leben schließen könne.

Die Dresdner Freunde, allen voran Körner, halten nichts von seinen Heiratsplänen, die er nun immer unverblümter äußert. Körner billigt auch nicht, daß Schiller damit begonnen hat, dickleibige Geschichtswerke zu verfassen; er sieht den Freund nach wie vor als hochrangigen Dramatiker, der gefälligst bei seinen Leisten bleiben möge. Schiller antwortet ihm: »Ich muß von Schriftstellerei leben, also auf das sehen, was einträgt... Für meinen *Carlos* – das Werk dreijähriger Anstrengung, bin ich mit Unlust belohnt worden. Meine *Niederländische Geschichte,* das Werk von 5, höchstens 6 Monaten, wird mich vielleicht zum angesehenen Manne machen... Ich muß eine Frau dabei ernähren können, denn noch einmal, mein Lieber, dabei bleibt es, daß ich heirate... Ich muß ein Geschöpf um mich haben, das mir gehört, das ich glücklich machen kann und muß, an dessen Dasein ich mein eigenes erfrischen kann... Ich sehne mich nach einer bürgerlichen und häuslichen Existenz, und das ist das einzige, was ich jetzt noch hoffe. Glaube nicht, daß ich gewählt habe..., ich bin noch ganz frei, und das ganze Weibergeschlecht steht mir offen; aber ich wünschte, bestimmt zu sein...« Schließlich ist Schiller doch »bestimmt«, er entscheidet sich für Charlotte, die er am 21. Februar 1790 heiratet. Zuvor hätte es fast noch eine dramatische Wendung gegeben: Charlotte äußert Rückzugsgedanken, will zu Gunsten ihrer Schwester verzichten. Schiller muß sich daraufhin endgültig erklären; er tut es recht gewunden, kommt dann aber, nachdem er zuvor noch, einfühlsamerweise, Carolines Vorzüge gepriesen hat, auf seine Liebe zu Charlotte zu sprechen, die er als emotionale Fortbildungsmöglichkeit begreift, der sich

seine Frau, unter fürsorglicher Aufsicht des Haus-
herrn, zu ihrem eigenen Nutzen unterziehen möge:
»Caroline ist mir näher im Alter und darum auch
gleicher in der Form unserer Gefühle und Gedanken. Sie hat mehr Empfindungen in mir zur Sprache gebracht als du, meine Lotte – aber ich wünschte nicht um alles, daß dieses anders wäre, daß du
anders wärest als du bist. Was Caroline vor dir vor-
aus hat, mußt du von mir empfangen; deine Seele
muß sich in meiner Liebe entfalten, und mein Geschöpf mußt du sein, deine Blüte muß in den Frühling meiner Liebe fallen. Hätten wir uns später
gefunden, so hättest du mir diese schöne Freude
weggenommen, dich für mich aufblühen zu sehen.
Wie schön ist unser Verhältnis gestellt von dem
Schicksal! Worte schildern diese zarten Beziehun-
gen nicht, aber fein und scharf empfindet sie die
Seele.«

Im Juni 1788 kehrt Goethe aus Italien zurück.
Sein anfängliches Hochgefühl, das er aus dem
Süden mit nach Weimar gebracht hat, hält nicht
lange vor: Er zeigt sich enttäuscht darüber, daß
man ihn anscheinend kaum vermißt hat und nicht
verstehen will, was die italienische Reise für ihn
bedeutet. Dachte er zunächst noch, daß er sich von
nun an wie neu geboren fühlen dürfe, so meint er
jetzt in aller Grimmigkeit, daß es womöglich bes-

ser wäre, überhaupt nicht geboren zu sein. Alle haben etwas an ihm auszusetzen; seine Vertraute, die Frau von Stein, ist noch kühler als vorher und rafft sich allenfalls zu einigen spitzen Bemerkungen auf, daß der Herr Goethe nicht nur an Geist in Italien zugelegt habe, sondern, mehr noch, an Leibesumfang – er sei »entsetzlich dick« geworden. In dieser Situation kann es für Schiller kein günstiges Entree bei Goethe geben, der, so hat es den Anschein, mit seinem zehn Jahre jüngeren Kollegen nichts anfangen kann und ihm systematisch aus dem Weg geht.

Allerdings ist Weimar nur vom Namen her groß, als Stadt ist es ein Nest, und so läßt sich ein Zusammentreffen mit Schiller, von dem Goethe später sagt, er sei ihm anfangs regelrecht »verhaßt« gewesen, auf Dauer nicht vermeiden. Die erste Begegnung der beiden Dichterfürsten findet am 7. September 1788 im Hause Lengefeld statt. Danach ist Schiller so schlau wie zuvor; an Körner schreibt er: »Sein erster Anblick stimmte die hohe Meinung tief herunter, die man mir von dieser anziehenden und schönen Figur beigebracht hatte. Er ist von mittlerer Größe, trägt sich steif und geht auch so; sein Gesicht ist verschlossen, aber sein Auge sehr ausdrucksvoll, lebhaft, und man hängt mit Vergnügen an seinem Blicke ... Er ist brünett und schien mir älter auszusehen, als er meiner Berechnung nach wirklich sein kann. Seine Stimme ist überaus angenehm, seine Erzählung fließend, geistvoll und belebt; man hört ihn mit viel Vergnügen, und wenn er bei gutem Humor ist, welches diesmal so ziemlich der Fall war, spricht er gern und mit Interesse. Unsere Bekanntschaft war bald gemacht und ohne den mindesten Zwang; freilich war die Gesellschaft zu groß und alles auf seinen Umgang zu eifersüchtig, als daß ich viel allein mit ihm hätte sein oder etwas anderes als allgemeine Dinge mit ihm sprechen können... Im ganzen genommen ist meine in der Tat große Idee von ihm nach dieser persönlichen Bekanntschaft nicht vermindert worden; aber ich zweifle, ob wir einander je sehr nahe rücken werden.«

Mit dieser Vermutung hatte Schiller zunächst recht. Sechs Jahre lebten die Dichter, mehr oder weniger, nebeneinander her. Dabei ist Schiller anfangs noch zuversichtlich, daß sich vielleicht doch eine intensivere Beziehung zu Goethe aufbauen könnte. Goethe nämlich, so wird ihm zugetragen, hat sich persönlich dafür eingesetzt, daß Schiller tatsächlich jene Professur in Jena zugesprochen bekommt, für die er schon seit einiger Zeit im Gespräch war. Der Grund dafür ist allerdings weniger schmeichelhaft, als Schiller annehmen möchte:

Goethe hegt nicht etwa eine bislang geschickt verborgen gehaltene Wertschätzung für den Kollegen, sondern möchte ihn weg haben, weswegen er auch nicht zögert, ihn von Weimar nach Jena zu loben. Goethe kann Schiller nicht leiden, womit er, im vertrauten Kreis wird das immerhin zugegeben, »den ganzen Kerl« meint, nicht nur den Dichter, dessen Werke er, soweit er sie überhaupt in die Hand genommen hat, für beispielhaft mißglückt hält. Der Biograph Richard Friedenthal hat anschaulich beschrieben, was Goethe an Schiller störte: »Schiller ist ihm schon physisch nicht sympathisch: der langaufgeschossene, hagere Mann, ungesund mit hektischen Wangen, der Geruch von Krankheit ist ihm immer verhaßt, das viele Tabakrauchen und Tabakschnupfen, der gelbe Tabakfleck unter der scharfen Adlernase; Schillers Lebensführung ist das völlige Gegenteil von der seinen: ungeregelt bis zum Exzess, mit spätem Aufstehen, oft erst gegen Mittag, Nachtarbeit, wobei verschiedenste Stimulanzien benutzt werden…«

Im Herbst 1788 erscheint Schillers *Geschichte des Abfalls der Niederlande* und wird zum erhofften Erfolg. Wenig später erhält er den schon mehrfach angekündigten Ruf an die Universität Jena. Goethes Befürwortung, die dazu beigetragen hat, liest sich bei genauerem Hinsehen merkwürdig matt; ihr ist anzumerken, daß der Verfasser mit der ganzen Sache, vor allem mit dem Mann, den er da pflichtschuldigst preist, eigentlich nichts zu tun haben will: »Herr Friedrich Schiller, der sich seit einiger Zeit teils hier, teils in der Nachbarschaft aufgehalten, hat sich durch seine Schriften einen Namen erworben, neuerdings durch eine *Geschichte des Abfalls der Niederlande* Hoffnung gegeben, daß er das historische Fach mit Glück bearbeiten werde ... Er wird von Personen, die ihn kennen, auch von Seiten des Charakters und der Lebensart, vorteilhaft geschildert, sein Betragen ist ernsthaft und gefällig, und man kann glauben, daß er auf junge Leute guten Einfluß haben werde...«

Die Professur, die Schiller zum Sommersemester 1789 übernehmen soll, erweist sich als ein Amt mit Tücken. Es handelt sich dabei um eine unbezahlte Stelle, für die Schiller sogar in finanzielle Vorleistung treten muß, da er für den Magistertitel, der Voraussetzung ist, um überhaupt als Professor auftreten zu können, eine nicht geringe Gebühr zu entrichten hat. Schiller fühlt sich »übertölpelt«; an Körner schreibt er: »Diese Professur soll der Teufel holen... Sie zieht mir einen Louisdor nach dem andern aus der Tasche... Der Magisterquark soll ... über 30 Taler und die Einführung auf der Universität ihrer 6 kosten. Da habe ich nun schon eine Summe von 60 Talern zu erlegen, ohne was anderes als Papier dafür zu haben. Die Sache geht schneller als man gedacht, und besonders schneller, als mein Beutel darauf gerechnet hat...«

Je näher der Termin für seine Antrittsvorlesung rückt, desto nervöser und reizbarer wird Schiller. Inzwischen fürchtet er, sich auf ein Geschäft eingelassen zu haben, das kein Geschäft ist und ihn zudem hoffnungslos überfordert. Seine alten Selbstzweifel melden sich wieder:

»Die Herren wissen nicht, wie wenig Gelehrsamkeit bei mir vorauszusetzen ist«, mutmaßt er und fügt grimmig hinzu: »Mancher Student weiß vielleicht schon mehr Geschichte als der Herr Professor...«

Schließlich bekommt auch Goethe, in dem er den Drahtzieher für seine ungünstige Lage vermutet, Schillers schlechte Laune ab. In einem Brief an Körner poltert er: »Öfters um Goethe zu sein, würde mich unglücklich machen: er hat auch gegen seine nächsten Freunde kein Moment der Ergießung, er ist an nichts zu fassen; ich glaube in der Tat, er ist ein Egoist in ungewöhnlichem Grade. Er besitzt das Talent, die Menschen zu fesseln und durch kleine sowohl als große Attentionen verbindlich zu machen; aber sich selbst weiß er immer frei zu behalten. Er macht seine Existenz wohltätig kund, aber nur wie ein Gott, ohne sich selbst zu geben – dies scheint mir eine konsequente und planmäßige Handlungsart, die ganz auf den höchsten Genuß der Eigenliebe kalkuliert ist. Ein solches Wesen sollten die Menschen nicht um sich herum aufkommen lassen. Mir ist er dadurch verhaßt, ob ich gleich seinen Geist von ganzem Herzen liebe und groß von ihm denke. Ich betrachte ihn wie eine stolze Prüde, der man ein Kind machen muß, um sie vor der Welt zu demütigen. Eine ganz sonderbare Mischung aus Haß und Liebe ist es, die er in mir erweckt hat, eine Empfindung, die derjenigen nicht ganz unähnlich ist, die Brutus und Cassius gegen Cäsar gehabt haben müssen; ich könnte seinen Geist umbringen und ihn wieder von ganzem Herzen lieben…«

Im Mai 1789 zieht Schiller nach Jena um. Er nimmt Quartier im Haus der stadtbekannten Jungfern Schramm, die ihn mit ihrem ungezügelten Mitteilungsdrang anfangs amüsieren, später jedoch zunehmend ärgern. Am 26. Mai hält Schiller seine Antrittsvorlesung, in die er viel Arbeit gesteckt hat; er möchte bei seinem akademischen Debüt überzeugen, auch um die eigenen bangen Erwartungen und die latenten Minderwertigkeitskomplexe, die er noch immer mit sich herumschleppt, eindrucksvoll zu widerlegen. Das gelingt ihm besser als erwartet; den Dresdner Freunden meldet er voller Stolz: »Ich zog... durch eine Allee von Zuschauern und Zuhörern ein und konnte den Katheder kaum finden. Unter lautem Pochen, welches hier für Beifall gilt, bestieg ich ihn und sah mich von einem Amphitheater von Menschen umgeben. So schwül der Saal war, so erträglich war's am Katheder, wo alle Fenster offen waren, und ich hatte doch frischen Odem. Mit den ersten zehn Worten, die ich selbst noch fest aussprechen konnte, war ich im ganzen Besitz meiner Kontenance, und ich las mit einer Stärke und Sicherheit der Stimme, die mich selbst überraschte...« Schillers Thema lautet: *Was heißt und zu welchem Ende studiert man Universalgeschichte?* Er nähert sich ihm als Dichter, weniger als Gelehrter, der er nicht ist und nicht sein will. Vor der Geschichte und vor seinen fast 900 Zuhörern – ein bisher nie dagewesener Publikumszuspruch für eine Veranstaltung der Universität Jena – redet er sich in begründete Begeisterung, die ansteckend wirkt. Schillers Botschaft ist, daß der Mensch seiner Geschichte nicht entkommen kann; dies zu erkennen und anzunehmen macht einen Großteil der ihm übereigneten Freiheit aus. Er beginnt seine Vorlesung mit den Worten: »Fruchtbar und weit umfassend ist das Gebiet der Geschichte; in ihrem Kreise liegt die ganze moralische Welt. Durch alle Zustände, die der Mensch erlebte, durch alle abwechselnden Gestalten der Meinung, durch seine Torheit und seine Weisheit, seine Verschlimmerung und seine Veredelung, begleitet sie ihn, von allem, was er sich nahm und gab, muß sie Rechenschaft ablegen...«

Universalgeschichte, wie Schiller sie versteht, bleibt nicht beim Allgemeinen stehen, sondern wendet sich zurück an den einzelnen, der aus der Vergangenheit kommt und sich zur Zukunft hin entwirft. Der Moment, in dem ihm das klar wird, ist seine Gegenwart, die sich ihrer jeweiligen Geschichte nicht zu entledigen vermag: »Selbst daß wir uns in diesem Augenblick hier zusammenfanden, uns mit diesem Grad von Nationalkultur, mit dieser Sprache, diesen Sitten, diesen bürgerlichen Vorteilen, diesem Maß von Gewissensfreiheit zusammenfanden, ist das Resultat vielleicht aller Weltbegebenheiten: die ganze Weltgeschichte würde wenigstens nötig sein, dieses einzige Moment zu erklären.« Erfreulich mußte auf Schillers Zuhörer auch wirken, daß er einem offenen Geschichtsverständnis das Wort redet; von einer Verherrlichung der guten alten Zeiten, im besonderen der Antike, will er nichts wissen: Jede Zeit ist, wie sie ist, hat ihre Vor- und Nachteile. Was der Vergangenheit angehört, läßt sich bestenfalls über die Erinnerung heranholen; die Zukunft, wenn sie denn Zukunft bleibt, ist ein leeres Blatt. Insofern hat die Gegenwart immer die Gewißheit für sich, Gegenwart zu sein; sie bezwingt durch ihre unwiderlegbare Präsenz, die auch der Universalgeschichte ihren Stempel aufdrückt: »Sie [die Universalgeschichte] heilt uns von der übertriebenen Bewunderung des Altertums und von der kindischen Sehnsucht nach vergangenen Zeiten; und indem sie uns auf unsere eigenen Besitzungen aufmerksam macht, läßt sie uns die gepriesenen Zeiten Alexanders und Augusts nicht zurückwünschen...«

Schiller kann zufrieden sein mit seinem Auftritt. An Körner schreibt er: »Meine Vorlesung machte Eindruck, den ganzen Abend hörte man in der Stadt davon reden, und mir widerfuhr eine Aufmerksamkeit von den Studenten, die bei einem neuen Professor das erste Beispiel war. Ich bekam eine Nachtmusik, und Vivat wurde dreimal gerufen.« Der Reiz des Neuen jedoch hält nicht lange vor, Gewöhnung setzt ein: Schiller hat nun den akademischen Alltag zu bewältigen, der von Hochgefühlen weitgehend frei war. Mißmutig stellt er fest, daß seine Lehrverpflichtungen mit beträchtlichem Arbeitsaufwand verbunden sind: »Bis jetzt hat mein Vortrag durch seinen Glanz und seine Neuheit geblendet; in der Folge aber muß ich ihm doch mehr allgemeine Faßlichkeit zu geben suchen, wenn ich meine Leute festhalten will. Meine Vorlesungen kosten mich jetzt noch erstaunlich viel Zeit und Mühe…« Die Leute, die Schiller festhalten will, sind seine Studenten, denen die Begeisterung allmählich abhanden kommt. Hatte er die Antrittsvorlesung vor mehr als 900 Hörern absolviert, so sind es am Semesterende kaum noch dreißig, was nicht nur an Schillers Selbstbewußtsein kratzt, das ja, wie wir wissen, noch nie ganz unangefochten war, sondern auch seine Finanzen betrifft, denn sein Verdienst richtet sich nach der Zahl der Studenten, die zu seinen Vorlesungen kommen. Die nachlassende Resonanz legt sich auf seine Laune und seinen Vortragsstil, der zu wünschen übrigläßt. Ein Ministerialbeamter, den man in seine Vorlesung geschickt hatte, notierte: »Er las alles Wort vor Wort ab, in einem pathetischen, deklamatorischen Ton, der aber sehr häufig zu den simplen historischen factis und geographischen Notizen, die er vorzutragen hatte, gar nicht paßte. Überhaupt war die ganze Vorlesung mehr Rede als unterrichtender Vortrag…«

Schiller bereut es längst, den Ruf nach Jena angenommen zu haben. Er verflucht seine Eitelkeit, die ihn dazu bewogen hat, als Professor in der Öffentlichkeit aufzutreten. Seine literarischen Arbeiten kommen bei all dem zu kurz; dabei weiß er doch, daß er Dichter ist und kein Akademiker vom Fach. Auch die Geschichtswissenschaft betreibt er ja als Erzähler, für den die historischen Quellen inniger sprudeln als für einen nüchternen Historiker, den die Regeln seiner Zunft zur Zurückhaltung verpflichten: »Es fragt sich nur, ob die innere Wahrheit, die ich die philosophische oder Kunstwahrheit nennen will und welche in ihrer ganzen Fülle im Roman oder in einer andern poetischen Darstellung herrschen muß, nicht ebensoviel Wert hat als die historische … Ich werde immer eine schlechte Quelle für einen künftigen Geschichtsforscher sein, der das Unglück hat, sich an mich zu wenden. Aber ich werde vielleicht auf Unkosten der historischen Wahrheit Leser und Hörer finden und hie und da mit jener ersten philosophischen zusammentreffen. Die Geschichte ist überhaupt nur ein Magazin für meine Phantasie, und die Gegenstände müssen sich gefallen lassen, was sie unter meinen Händen werden…«

Neben der beruflichen Unzufriedenheit sind Schiller die Geldsorgen geblieben, die sich allerdings inzwischen etwas weniger drückend darstellen. Die Eheschließung ist ihm durch eine bescheidene Sonderzahlung in Höhe von 200 Talern erleichtert worden, die ihm der Herzog von Weimar zahlt, der ihn zudem zum Hofrat ernennt, was generös anmutet, den Herzog aber nichts kostet und dem Dichter nichts einbringt, außer daß er nun »um eine Silbe gewachsen« sei, wie er ironisch vermerkt. Eine Jahresgabe von 200 Talern steuert auch Frau von Lengefeld bei, obwohl sie finanziell nicht auf Rosen gebettet ist; ihr Schwiegersohn weiß es zu schätzen.

Schillers Eheleben verläuft so zufriedenstellend, wie er es sich ausgemalt hat. Mit Charlotte wohnt er in seiner Jenaer Junggesellenwohnung, zu der er noch anderthalb Zimmer hinzugemietet hat; man leistet sich eine Kammerzofe und einen Diener. An Körner, der dem Frieden noch immer nicht traut, schreibt er: »Was für ein schönes Leben führe ich jetzt. Ich sehe mit fröhlichem Geiste um mich her, mein Herz findet eine immer während sanfte Befriedigung außer sich, mein Geist eine so schöne Nahrung und Erholung, mein Dasein ist in eine harmonische Gleichheit gerückt; nicht leidenschaftlich gespannt, aber ruhig und hell gingen mir diese Tage hin. Ich habe meiner Geschäfte gewartet wie zuvor und mit mehr Zufriedenheit mit mir selbst...«

Schiller arbeitet an einem neuen umfangreichen Werk, der *Geschichte des dreißigjährigen Krieges,*

das nach seinem Erscheinen zu einem bemerkens-
werten Erfolg wird. Danach ist er erschöpft und
gönnt sich ein paar Tage Urlaub, die ihm guttun,
seine innere Unruhe aber nicht zu besänftigen vermögen: »Zwölf Tage brachte ich in Rudolstadt mit
Essen, Trinken und Schachspielen und Blindekuh-
spielen zu. Ich wollte ganz feiern, und diese Erholung hat mir wohlgetan, obwohl sie mir gegen
Ende unerträglich wurde. Lange kann ich den Mü-
ßiggang nicht ertragen.«

Ende des Jahres reist Schiller mit seiner Frau ins
nahe Erfurt, wo er in die dortige Akademie der
Wissenschaften aufgenommen werden soll. Am
3. Januar 1791 bekommt er während eines Kon-
zertbesuchs plötzlich hohes Fieber und muß sich
in den Gasthof bringen lassen. Nach einigen Tagen
fühlt er sich soweit wieder hergestellt, daß sie die
Rückfahrt nach Weimar antreten können. Als
Schiller am 11. Januar seine Vorlesungen in Jena
aufnehmen will, erleidet er einen heftigen Rückfall. Diesmal ist es ernst: Er hat erneut hohes Fieber, Magenkrämpfe, Schmerzen in der Brust und
Atemnot. Die Ärzte behandeln nach bestem Wissen, aber sie wissen damals nicht viel, lassen ihn
zur Ader, verabreichen Brech- und Abführmittel,
bei denen sich Schiller an seine eigenen rüden Be-
handlungsmethoden als Regimentsmedicus erin-

nert haben dürfte. Er verliert das Bewußtsein; als er wieder zu sich kommt, redet er wirr und phantasiert. Nach einem letzten Anfall, der seine Angehörigen bereits das Schlimmste befürchten läßt, geht es ihm langsam besser.

Ganz gesund wird Schiller, der aus heutiger Sicht vermutlich eine verschleppte Lungenentzündung und Rippenfellvereiterung hatte, jedoch nicht mehr. Es bleiben ihm wiederkehrende Magenschmerzen, quälende Verdauungsstörungen und Fieberschübe, an die er sich gewöhnt. Die Krankheit hat ihm die Augen geöffnet, daß nichts mehr so sein wird wie zuvor. An Wieland schreibt er: »Was daraus werden soll, weiß ich nicht; doch habe ich jetzt weniger Furcht als vor vier Wochen. Überhaupt hat dieser schreckliche Anfall mir innerlich sehr gut getan. Ich habe dabei mehr als einmal dem Tod ins Gesicht gesehen, und mein Mut ist dadurch gestärkt worden.«

Im Sommer 1791 macht Schiller eine Kur im böhmischen Karlsbad. Die ist nicht billig, aber darauf kommt es nun auch nicht mehr an, denn seine finanzielle Lage erscheint verzweifelter als je zuvor. Drei Jahresgehälter, rechnet er grimmig aus, haben ihn Krankheit und der damit verbundene Verdienstausfall bereits gekostet; die Vorschüsse, die ihm sein Freund und Verleger Göschen gezahlt hat, sind längst aufgebraucht. In dieser Situation erhält er überraschende Hilfe: Der junge dänische Schriftsteller Jens Baggesen, ein Verehrer Schillers, hat von der Krankheit seines Idols und der damit verbundenen prekären Lage erfahren; es gelingt ihm, zwei hochrangige Mäzene, den Erbprinzen Friedrich Christian sowie den amtierenden dänischen Finanzminister Graf Schimmelmann, für eine Hilfsaktion zu Gunsten des Dichters zu gewinnen. In einem Brief, den Schiller Ende November 1791 aus Kopenhagen erhält, darf er lesen:

»Ihre durch allzuhäufige Anstrengung und Arbeit zerrüttete Gesundheit bedarf, so sagt man uns, für einige Zeit der Ruhe, wenn Sie wiederhergestellt und die Ihrem Leben drohende Gefahr abgewendet werden soll. Allein, Ihre Verhältnisse, Ihre Glücksumstände verhindern Sie, sich dieser Ruhe zu überlassen. Wollten Sie uns wohl die Freude gönnen, Ihnen den Genuß derselben zu erleichtern? Wir bieten Ihnen zu dem Ende auf drei Jahre ein jährliches Geschenk von tausend Talern an...«

Schiller ist überwältigt. Er nimmt das Angebot an. In dem Dankesschreiben, das er aufsetzt, heißt es: »Das großmütige Anerbieten, das Sie mir tun, erfüllt, ja übertrifft meine kühnsten Wünsche. Die

Art, mit der Sie es tun, befreit mich von der Furcht, mich Ihrer Güte unwert zu zeigen ... Rein und edel, wie Sie geben, glaube ich empfangen zu können. Ihr Zweck dabei ist, das Gute zu befördern; könnte ich über etwas Beschämung fühlen, so wäre es darüber, daß Sie sich in dem Werkzeug dazu geirrt hätten. Aber der Beweggrund, aus dem ich mir erlaube, es anzunehmen, rechtfertigt mich vor mir selbst und läßt mich, selbst in den Fesseln der höchsten Verpflichtung, mit völliger Freiheit des Gefühls vor Ihnen erscheinen. Nicht an Sie, sondern an die Menschheit habe ich meine Schuld abzutragen ...« Das war gut gesagt, zweifellos, und es ist ernstgemeint. Schiller sieht sich in einer Verpflichtung, der er mit allen ihm verbliebenen Kräften nachzukommen sucht. Seine Zeit ist begrenzt, das weiß er; um so durchdachter und planvoller muß er mit ihr umgehen. Dabei hilft ihm die Philosophie Kants, die er schon immer hatte studieren wollen und in die er sich nun vertieft. Zuvor war ihm eine Ehrung zuteil geworden, von der er nicht weiß, was er von ihr halten soll: Der französische Nationalkonvent hatte ihm, auf Grund seines Einsatzes für die Idee der Freiheit, das Ehrenbürgerrecht verliehen. Schiller ist geschmeichelt; andererseits hat er sich, wie er glaubt, für die Freiheit nicht mehr eingesetzt als andere deutsche Intellektuelle auch, welche die Französische Revolution zunächst nahezu einhellig begrüßten, um sich später dann, als die sogenannte Schreckensherrschaft einsetzte, fast ebenso einhellig wieder von ihr abzuwenden. Stellvertretend für andere hatte Schiller das Experiment Revolution für gescheitert erklärt: »Der Versuch des französischen Volkes, sich in seine heiligen Menschenrechte einzusetzen und eine politische Freiheit zu erringen, hat bloß das Unvermögen und die Unwürdigkeit desselben an den Tag gebracht, und nicht nur dieses unglückliche Volk, sondern mit ihm auch einen beträchtlichen Teil Europas und ein ganzes Jahrhundert in Barbarei und Knechtschaft zurückgeschleudert. Der Moment war der günstigste, aber er fand eine verderbte Generation, die ihn nicht wert war... Der Gebrauch, den sie von diesem großen Geschenk des Zufalls macht und gemacht hat, beweist unwidersprechlich, daß das Menschengeschlecht der vormundschaftlichen Gewalt noch nicht entwachsen ist...«

Dennoch will Schiller nicht resignieren: Freiheit ist nicht meßbar, wohl aber machbar, weiß er mit Kant; allerdings muß sie vom einzelnen ausgehen, nicht von der Gesellschaft oder dem schwerfälligen Staatsgebilde. Schiller, der in den *Räubern* noch wahrhaft aufrührerische Töne anschlug, schätzt die

Theorie inzwischen mehr als die Praxis. »Politische und bürgerliche Freiheit bleibt immer und ewig das heiligste aller Güter, das würdigste Ziel aller Anstrengungen und das große Zentrum aller Kultur – aber man wird diesen herrlichen Bau nur auf dem festen Grund eines veredelten Charakters aufführen, man wird damit anfangen müssen, für die Verfassung Bürger zu erschaffen, ehe man den Bürgern eine Verfassung geben kann.«

Es ist dies eine Meinung, die damals von den meisten deutschen Dichtern und Denkern geteilt wird. Sie gehören einer Nation an, die keine ist, sondern aus fast 300 Klein- und Kleinststaaten besteht, mit denen, gemessen am Anspruch der Vernunft, kein echter Staat zu machen ist. Schiller hält wenig von politischer Betätigung, die auf Veränderungen im Reich des Wirklichen zielt; der Mensch muß sich anderer Mittel bedienen, um zu sich selbst zu finden: »Alle Verbesserung des Politischen soll von Veredlung des Charakters ausgehen – aber wie kann sich unter den Einflüssen einer barbarischen Staatsverfassung der Charakter veredeln? Man müßte also zu diesem Zwecke ein Werkzeug aufsuchen, welches der Staat nicht hergibt, und Quellen dazu eröffnen, die sich bei aller politischen Verderbnis rein und lauter erhalten. – Jetzt bin ich an dem Punkt angelangt, zu welchem alle meine bisherigen Betrachtungen hingestrebt haben. Dieses Werkzeug ist die schöne Kunst, diese Quellen öffnen sich in ihren unsterblichen Mustern...«

Schillers Philosophie, die er 1793 in den Schriften *Über Anmut und Würde* und *Über das Erhabene* vorstellt, ist von Kant geprägt, den er überaus vorsichtig und durchgehend respektvoll zu ergänzen sucht. Kant hatte für die praktische Weltauffassung des Menschen einen Konflikt zwischen »Pflicht« und »Neigung« ausgerufen, der nicht zu lösen ist, im Zweifelsfall jedoch sein einforderndes Übergewicht auf seiten der Pflicht hat. Schiller bringt eine dritte Größe ins Spiel, die er passenderweise auch »Spieltrieb« nennt. Er gibt sich im hingebungsvollen Umgang des Menschen mit dem Schönen zu erkennen:

»Mit dem Angenehmen, mit dem Guten, dem Vollkommenen ist es dem Menschen nur ernst, aber mit der Schönheit spielt er... Denn, um es endlich auf einmal herauszusagen, der Mensch spielt nur, wo er in voller Bedeutung des Worts Mensch ist, und er ist nur da ganz Mensch ist, wo er spielt...« Vor die Wahl gestellt, sich für Philosophie oder Poesie zu entscheiden, bekundet Schiller seine Hochachtung für die Philosophie und bekennt sich zur Poesie: »Dort ist alles so heiter, so lebendig, so harmonisch aufgelöst und so menschlich wahr, hier … alles so strenge, so rigid und abstrakt und so höchst unnatürlich … Soviel ist gewiß, der Dichter ist der einzig wahre Mensch, und der beste Philosoph ist nur eine Karikatur gegen ihn …« Das ist maßvoll übertrieben (manche Philosophen haben sich als bessere Dichter erwiesen), aber es entspricht Schillers Erkenntnisinteresse, das nun endgültig zu Höherem drängt. Das Glück des Menschen erschließt sich über die Gunst des Augenblicks, glaubt er, aber der Augenblick weist immer schon über sich hinaus; was ihn groß und gewährend macht, ist das wesenhafte Schöne, das in ihm aufscheint. Es läßt sich nicht herstellen nach Art eines planmäßigen Handelns, sondern wird gegeben: »Zürne der Schönheit nicht, daß sie schön ist, daß sie verdienstlos, laß sie die Glückliche sein, du schaust sie, du bist der Beglückte …«

Inzwischen ist Schiller umgezogen und hat ein Gartenhaus vor den Toren Jenas bezogen. Seine Frau erwartet ihr erstes Kind und fühlt sich oft unpäßlich. In dieser Situation, die eigentlich eher nach Ruhe und Ortsgebundenheit verlangt, überkommt Schiller die Reiselust, er möchte seine alte Heimat Schwaben wiedersehen, neben der die neue Heimat Thüringen, meint er ungnädig, doch deutlich abfällt: »Die Liebe zum Vaterland ist sehr lebhaft in mir geworden, und der Schwabe, den ich ganz abgelegt zu haben glaubte, regt sich mächtig. Ich bin aber auch elf Jahre davon getrennt gewesen, und Thüringen ist das Land nicht, worin man Schwaben vergessen kann...«

Am 8. September 1793 beziehen Herr und Frau Schiller eine Wohnung in Ludwigsburg; eine Woche später kommt der gemeinsame Sohn Karl Friedrich Ludwig zur Welt. Die Taufe wird als Familienfest begangen, für das es mit dem 70. Geburtstag von Schillers Vater einen weiteren willkommenen Anlaß gibt. Einen Monat später stirbt Herzog Carl Eugen, Schillers alter Widersacher – er weint ihm keine Träne nach. Insgesamt fällt sein Besuch der alten Heimat nicht so erhebend aus, wie er sich das ausgemalt hat; die Bekannten von früher haben sich mit den Verhältnissen arrangiert: »Manche, die ich als helle aufstrebende Köpfe verließ, sind materiell geworden und verbauert...« Aber auch Schiller hat sich verändert, wie einer seiner Jugendfreunde zu berichten weiß: »Er war ein ganz anderer Mann geworden; sein jugendliches Feuer war gemildert, er hatte weit mehr Anstand in seinem Betragen, an die Stelle seiner ehemaligen Nachlässigkeit in seinem Anzug war eine anständige Eleganz getreten, und seine hagere Gestalt, sein blasses kränkliches Aussehen vollendeten das Interesse

seines Anblicks bei mir und allen, die ihn näher gekannt hatten.«

Charlotte Schiller tat sich schwer mit den Schwaben. Sie hatten etwas Lauerndes in ihrem Wesen,
fand sie und fühlte sich auch dann noch beobachtet, wenn sich eigentlich niemand für sie interessierte. An ihre Schwester schrieb sie: »Hier im
Lande möchte ich der Menschen wegen doch nicht
wohnen. Es gibt noch gar wenig Kultur unter dem
besseren Teil der Gesellschaft, die Männer sind
meist materielle Wesen, und von den Frauen darf
man gar nicht sprechen, die sind so borniert, als sie
bei uns vor 50 Jahren waren, und ihre häuslichen
Tugenden sind doch auch so groß nicht...«

Am 14. Mai 1794 kehren die Schillers nach Jena
zurück. Charlotte hat das beruhigende Gefühl,
wieder daheim zu sein, und ihr Mann mag ihr da
nicht widersprechen. Das Wiedersehen mit der
Heimat hat Schiller, außer einem erfreulichen Kontakt mit dem Tübinger Verleger Cotta, nicht viel
gebracht, und so erneuert er für sich, wohl wissend,
daß er haushälterisch mit seinen Kräften umgehen
muß, einen Arbeitsplan, den er schon früher auf-
gestellt hatte: »Bei meiner hinfälligen Gesundheit
muß ich alle Erweckungsmittel zur Tätigkeit aus
mir selbst nehmen ... Meine Gefühle sind durch
meine Nervenleiden reizbarer und für alle Schief-

heiten, Härten, Unfeinheiten und Geschmacklosigkeiten empfindlicher geworden. Gebe nur der Himmel, daß meine Geduld nicht reiße und ein Leben, das so oft von einem wahren Tod unterbrochen wird, noch einigen Wert bei mir behalte...«

Immer strebe zum Ganzen

Nachdem er mit seiner Familie noch einmal umgezogen ist und eine geräumige Wohnung am Jenaer Marktplatz bezogen hat, widmet Schiller sich mit Feuereifer der Herausgabe einer neuen literarischen Zeitschrift, die den Titel *Die Horen* tragen soll. Es ist ein ehrgeiziges Projekt, das Schiller da mit dem Verleger Cotta ausgeheckt hat: Was in den *Horen* zu lesen ist, muß vom Feinsten sein, und Schiller wendet sich denn auch gleich an die namhaftesten Dichter und Denker, um sie zur Mitarbeit aufzufordern. Dazu gehört natürlich auch Goethe, dem Schiller, ungeachtet seiner bisherigen Vorbehalte, einen einschmeichelnden Brief schickt, auf den eine ebenso prompte wie überraschende Antwort erfolgt: »Euer Wohlgeboren eröffnen mir eine doppelt angenehme Aussicht, sowohl auf die Zeitschrift, welche Sie herauszugeben gedenken, als auf die Teilnahme, zu der Sie mich einladen. Ich werde mit Freuden und von ganzem Herzen von der Gesellschaft sein…«

In dieser Zeit freundet sich Schiller mit dem acht Jahre jüngeren Wilhelm von Humboldt an, einem märkischen Gelehrten und Adeligen, der später zum Reformer im preußischen Schulwesen wird und die Universität Berlin begründet. In Humboldt erkennt Schiller einen Geistesverwandten, der überaus anregend auf ihn wirkt: »Humboldt ist mir eine unendlich angenehme und nützliche Bekanntschaft, denn im Gespräch mit ihm entwikkeln sich alle meine Ideen glücklicher und schneller. Es ist eine Totalität in seinem Wesen, die man äußerst selten sieht...« Humboldt sieht das ähnlich. Schiller ist für ihn ein Genie der Freundschaft, das sich in jedem Gespräch mit Bedacht neu entwirft: »Was jedem Beobachter an Schiller am meisten auffallen mußte, war, daß, in einem höheren und prägnanteren Sinn als vielleicht bei einem anderen, der Gedanke das Element seines Lebens war. Anhaltend selbsttätige Beschäftigung des Geistes verließ ihn fast nie und wich nur den heftigeren Anfällen seines körperlichen Übels... Das zeigte sich am meisten im Gespräch, für das Schiller ganz eigentlich geboren schien. Er suchte nie nach einem bedeutenderen Stoff der Unterredung, er überließ es mehr dem Zufall, den Gegenstand herbeizuführen, aber von jedem aus leitete er das Gespräch zu einem allgemeineren Gesichtspunkt, und man sah sich nach wenigen Zwischenreden in den Mittelpunkt einer den Geist anregenden Diskussion versetzt. Er behandelte den Gedanken immer als ein gemeinschaftlich zu gewinnendes Resultat...«

Im Gespräch entfaltet Schiller eines seiner bemerkenswertesten Talente: Er ist ein Interpretationskünstler am lebenden Objekt, der, angeleitet vom »Spieltrieb«, dem er zu theoretischen Ehren verhalf, das Wesentliche am Menschen, seine Persönlichkeit, erkennt. Humboldt schreibt: »Er konnte alle und richtig und allseitig beurteilen, ihn eigentlich keiner ganz, weil er auf einer ungleich weniger niedrigen Bahn wandelte, weil sein gewöhnliches Leben vom Moment seines Erwachens bis zum Abend so war, daß er alles Gewöhnliche, womit sich doch auch die Besten viel und ganz und angelegentlich beschäftigen, wie Staub unter sich ließ... Es ging, im buchstäblichen Verstande, kein Moment für seine geistige Tätigkeit verloren.«

Vor diesem Talent Schillers muß schließlich auch Goethe klein beigeben. Er hatte sich zuletzt erstaunlich umgänglich gezeigt, und Schiller nutzt die Gunst der Stunde: Während einer Tagung der »Naturforschenden Gesellschaft« in Jena kommt er, eher zufällig, mit Goethe ins Gespräch, in dem es um Anschauung und Form in der Natur geht. Dabei stellt Schiller einmal mehr sein Einfühlungsvermögen unter Beweis. Goethe erinnert sich: »Wir gelangten zu seinem Haus, das Gespräch lockte mich hinein; da trug ich die Metamorphose der Pflanzen lebhaft vor und ließ, mit manchen charakteristischen Federstrichen, eine symbolische Pflanze vor seinen Augen entstehen. Er vernahm und schaute das alles mit großer Teilnahme, mit entschiedener Fassungskraft; als ich aber geendet, schüttelte er den Kopf und sagte: Das ist keine Erfahrung, das ist eine Idee. Ich stutzte, verdrießlich einigermaßen: denn der Punkt, der uns trennte, war dadurch aufs strengste bezeichnet... Der alte Groll wollte sich regen, ich nahm mich aber zusammen und versetzte: Das kann mir sehr lieb sein, daß ich Ideen habe, ohne es zu wissen, und sie sogar mit Augen sehe. Schiller, der viel mehr Lebensklugheit und Lebensart hatte als ich, und mich auch wegen der *Horen* mehr anzuziehen als abzustoßen gedachte, erwiderte ... als ein gebildeter Kantianer...« Hätte das Gespräch der beiden Dichter an diesem Punkt eine andere Wendung genommen, wäre es vermutlich bei dem unterkühlten Verhältnis geblieben, das Goethe und Schiller lange genug gepflegt hatten. So aber ist es der Beginn einer wunderbaren Freundschaft: »Der erste Schritt war ... getan. Schillers Anziehungskraft war groß, er hielt alle fest, die sich ihm näherten; ich nahm teil an seinen Absichten und versprach, zu den *Horen* manches, was bei mir verborgen lag, herzugeben. Seine Gattin, die ich von ihrer Kindheit auf zu lieben und zu schätzen gewohnt war, trug das Ihrige bei zu dauerndem Verständnis; alle beiderseitigen Freunde waren froh, und so besiegelten wir, durch den größten, vielleicht nie ganz zu schlichtenden Wettkampf zwischen Objekt und Subjekt, einen Bund, der ununterbrochen gedauert und für uns und andere manches Gute gewirkt hat.«

Schiller weiß, daß Freundschaft ein zartes Pflänzchen ist, welches der regelmäßigen Pflege bedarf. Nachdem ein Anfang gemacht wurde, legt er nach und wählt dabei wiederum die passenden Worte. Als Goethe von einer mehrtägigen Reise zurückkehrt, findet er einen Brief Schillers vor, der ein Meisterwerk der Verstehenskunst ist. Schiller hat in der Persönlichkeit Goethes gelesen und liefert ihm ein Psychogramm seiner Weltsicht und Arbeitsweise: »Die neulichen Unterhaltungen mit Ihnen haben meine ganze Ideenmasse in Bewegung gebracht, denn sie betrafen einen Gegenstand, der mich seit etlichen Jahren lebhaft beschäftigt. Über so manches, worüber ich mir selbst nicht einig werden konnte, hat die Anschauung Ihres Geistes (denn so muß ich den Totaleindruck Ihrer Ideen auf mich nennen) ein unerwartetes Licht in mir aufgesteckt. Mir fehlte das Objekt, der Körper, zu mehreren spekulativischen Ideen, und Sie brachten mich auf die Spur davon. Ihr beobachtender Blick, der so still und rein auf den Dingen ruht, setzt Sie nie in Gefahr, auf den Abweg zu geraten, in den sowohl die Spekulation als die willkürliche und bloß sich selbst gehorchende Einbildungskraft sich so leicht verirrt. In Ihrer richtigen Intuition liegt alles und weit vollständiger, was die Analysis mühsam sucht, und nur weil es als ein Ganzes in Ihnen liegt, ist Ihnen Ihr eigener Reichtum verborgen... Sie suchen das Notwendige der Natur, aber Sie suchen es auf dem schwersten Wege, vor welchem sich jede schwächere Kraft wohl hüten wird. Sie nehmen die ganze Natur zusammen, um über das Einzelne Licht zu bekommen; in der Allheit ihrer Erscheinungsarten suchen Sie den Erklärungsgrund für das Individuum auf. Von der einfachen Organisation steigen Sie Schritt vor Schritt zu den mehr verwickelten hinauf, um endlich die verwickeltste von allen, den Menschen, genetisch aus den Materialien des ganzen Naturgebäudes zu erbauen. Dadurch, daß Sie ihn der Natur gleichsam nacherschaffen, suchen Sie in seine verborgene Technik einzudringen. Eine große und wahrhaft heldenmäßige Idee, die zur Genüge zeigt, wie sehr Ihr Geist das reiche Ganze seiner Vorstellungen in einer schönen Einheit zusammenhält…« So etwas liest man gern: Goethe fühlt sich geschmeichelt und, was noch mehr zählt, bestens verstanden. Seine Antwort kommt prompt: »Zu meinem Geburtstage, der mir diese Woche erscheint, hätte mir kein angenehmer Geschenk werden können als Ihr Brief, in welchem Sie mit freundschaftlicher Hand die Summe meiner Existenz ziehen und mich durch Ihre Teilnahme zu einem emsigern und lebhafteren Gebrauch meiner Kräfte aufmuntern… Ich darf nunmehr Anspruch machen, durch Sie selbst mit dem Gang Ihres Geistes, besonders in den letzten Jahren, bekannt zu werden. Haben wir uns wechselseitig die Punkte klar gemacht, wohin wir gegenwärtig gelangt sind, so werden wir desto ununterbrochener gemeinschaftlich arbeiten können.« Schiller läßt sich das nicht zweimal sagen. Er antwortet Goethe mit einer Selbstdarstellung, die zeigt, daß er auch in eigener Sache einfühlsam zu urteilen vermag. Von Beschönigungen hält er sich frei, bleibt lieber auf selbstbewußte Art bescheiden; dennoch oder gerade deswegen argumentiert er auf Augenhöhe mit Goethe:

»Erwarten Sie bei mir keinen großen materialen Reichtum von Ideen; dies ist es, was ich bei Ihnen finden werde. Mein Bedürfnis und Streben ist es, aus wenigem viel zu machen... Weil mein Gedankenkreis kleiner ist, so durchlaufe ich ihn darum schneller und öfter, und kann eben darum meine kleine Barschaft besser nutzen, und eine Mannigfaltigkeit, die dem Inhalt fehlt, durch die Form erzeugen. Sie bestreben sich, Ihre große Ideenwelt zu simplifizieren, ich suche Varietät für meine kleinen Besitzungen. Sie haben ein Königreich zu regieren, ich nur eine etwas zahlreiche Familie von Begriffen, die ich herzlich gern zu einer kleinen Welt erweitern möchte. – Ihr Geist wirkt in einem außerordentlichen Grade intuitiv, und alle Ihre denkenden Kräfte scheinen auf die Imagination, als ihre gemeinschaftliche Repräsentantin, gleichsam kompromittiert zu haben. Im Grunde ist dies das Höchste, was der Mensch aus sich machen kann, sobald es ihm gelingt, seine Anschauung zu generalisieren und seine Empfindung gesetzgebend zu machen...« Auch das ist wiederum sehr geschickt formuliert: Goethe hat nur das Höchste im Sinn; dennoch stehen abseits der großen Straße, die er beschreitet, Nebenwege offen, die, begeht man sie richtig, in die Bahn des Meisters mit einmünden: »Mein Verstand wirkt eigentlich mehr symbolisierend, und so schwebe ich, als eine Zwitterart, zwischen dem Begriff und der Anschauung, zwischen der Regel und der Empfindung, zwischen dem technischen Kopf und dem Genie... Noch jetzt begegnet es mir häufig genug, daß die Einbildungskraft meine Abstraktionen und der kalte Verstand meine Dichtung stört. Kann ich dieser beiden Kräfte insoweit Herr werden, daß ich einer jeden durch meine Freiheit ihre Grenzen bestimmen kann, so erwartet mich noch ein schönes Los...«

Nachdem sich der erste Gedankenaustausch zwischen ihnen als so fruchtbar und erfreulich erwiesen hat, hegt Schiller die gleichen Erwartungen wie Goethe; er äußert sie nur vorsichtiger, weil er weiß, daß bei der Verwirklichung erhebender Pläne seine Gesundheit mitspielen muß: »Nachdem ich meine moralischen Kräfte recht zu kennen und zu brauchen angefangen, droht eine Krankheit, meine physischen zu untergraben. Eine große und allgemeine Geistesrevolution werde ich schwerlich Zeit haben in mir zu vollenden, aber ich werde tun, was ich kann, und wenn endlich das Gebäude zusammenfällt, so habe ich doch vielleicht das Erhaltungswerte aus dem Brande geflüchtet. ...Nun kann ich... hoffen, daß wir, soviel von dem Wege noch übrig sein mag, in Gemeinschaft durchwandeln werden, und mit um so größerem Gewinn, da die letzten Gefährten auf einer langen Reise sich immer am meisten zu sagen haben.«

Durch die Freundschaft mit Goethe, die vom

Gleichklang des Denkens, weniger von Übereinstimmungen im Lebensentwurf zehrt, findet Schiller zur Dichtung zurück. Dies geschieht nicht abrupt, sondern ist ein Prozeß, der von Rückschlägen nicht verschont bleibt. Der Einstieg gelingt Schiller mit einer Kunstform, die er länger außer acht gelassen hatte: Er schreibt wieder Gedichte. Nach anfänglichen Mühen werden sie immer sicherer in der Form, und ihr Tonfall klingt leicht. Goethe lobt, was sich bei ihm, wie so oft, etwas steif anhört: »Die Gedichte haben besondere Vorzüge, und ich möchte sagen, sie sind nun, wie ich sie vormals von Ihnen hoffte... Alle poetischen Tugenden treten in schöner Ordnung auf.«

In seinen neuen Gedichten nimmt Schiller Schwung auf; er möchte abheben vom Boden und zumindest annähernd jene lichten Regionen erreichen, in der das Vergängliche nicht mehr vergänglich ist: »Aber dringt bis in der Schönheit Sphäre, / Und im Staube bleibt die Schwere / Mit dem Stoff, den sie beherrscht, zurück. / Nicht der Masse qualvoll abgerungen, / Schlank und leicht, wie aus dem Nichts entsprungen, / Steht das Bild vor dem entzückten Blick...«

Im Januar 1795 erscheint das erste Heft der *Horen*. Es verkauft sich gut, aber der Erfolg der Zeitschrift läßt bald wieder nach. Kritiker melden sich zu Wort, die Schiller und seinen neuen Freund Goethe aufs Korn nehmen, so daß sich beide getroffen fühlen und zurückschlagen: Sie verfassen gemeinsame Spottverse, die *Xenien* (Gastgeschenke), in denen sie sich, sehr zum eigenen Vergnügen, über ihre Widersacher lustig machen – ein Vergnügen indes, das heutige Leser beim besten Willen nicht mehr zu teilen vermögen, denn die Verse sind meist witzlos und schlecht.

Schiller, dem der Weg zurück in die Dichtkunst zäher vorkommt als erwartet, hat zwischenzeitlich mit einem Essay begonnen, der *Über naive und sentimentalische Dichtung* betitelt ist und von idealistischer und realistischer Schreibweise handelt. Nachdem er zunächst mit der Arbeit recht gut vorankommt, verlassen ihn alsbald Lust und Laune. An Goethe schreibt er: »Ich habe mich lange nicht so prosaisch gefühlt als in diesen Tagen, und es ist hohe Zeit, daß ich für eine Weile die philosophische Bude schließe. Das Herz schmachtet nach einem betastlichen Objekt ...« Ein solches »betastliches Objekt« ist der *Wallenstein.* Die Idee zu diesem Theaterstück hat Schiller schon länger mit sich herumgetragen, war jedoch nie dazu gekommen, sich an ihre Realisierung zu wagen. Nun ist es soweit. Am 22. Oktober 1796 notiert er: »An den *Wallenstein* gegangen.« Aller Anfang ist bekanntlich schwer, aber daß er so schwer wird, hat Schiller nicht erwartet. Er erkennt ein grundsätzliches Problem: Der Stoff, mit dem er hantiert, ist zu üppig, zu ausufernd für die Form, die er dafür vorgesehen hat: »Es ist im Grunde eine Staatsaktion und hat in Rücksicht auf den poetischen Gebrauch alle Unarten an sich, die eine politische Handlung nur haben kann... Mit einem Wort, es ist mir fast alles abgeschnitten, wodurch ich diesem Stoffe nach meiner gewohnten Art beikommen könnte; von dem Inhalte habe ich fast nichts zu erwarten, alles muß durch eine glückliche Form bewerkstelligt werden, und nur durch eine kunstreiche Fügung der Handlung kann ich ihn zu einer schönen Tragödie machen.« Erst als Schiller, einer Eingebung folgend, auf den Kunstgriff verfällt, den *Wallenstein* in Jamben zu schreiben, also den Inhalt in die Form eines strengen Versmaßes zu bringen, hat er den Durchbruch geschafft: Nun fügt sich der Stoff, gibt klein bei vor der Hand des Dichters und gewinnt dabei noch an Größe: »Der Rhythmus leistet bei einer dramatischen Produktion noch dieses Große und Bedeutende, daß er, indem er alle Charaktere und alle Situationen nach einem Gesetz behandelt und sie, trotz ihres inneren Unterschiedes, in einer Form ausführt, dadurch den Dichter und seinen Leser nötigt, von allem noch so Charakteristisch-Verschiedenen etwas Allgemeines, rein Menschliches zu verlangen. Alles soll sich in dem Geschlechtsbegriff des Poetischen vereinigen, und diesem Gesetz dient der Rhythmus sowohl zum Repräsentanten als zum Werkzeug, da er alles unter seinem Gesetze begreift. Er bildet auf diese Weise die Atmosphäre für die poetische Schöpfung, das Gröbere bleibt zurück, nur das Geistige kann von diesem dünnen Elemente getragen werden...«

Erholung von der Arbeit am *Wallenstein*, die sich, ungeachtet des funktionierenden Formprinzips, dem der Autor folgt, als langwierig erweist, findet Schiller nach wie vor in der Lyrik. Das Jahr 1797 wird zum *Balladenjahr* erklärt: Schiller und Goethe, der die Ballade »das Ur-Ei der Poesie« nennt, haben ihre Liebe zum Erzählgedicht entdeckt und können davon, scheint es, gar nicht genug bekommen. Gedichte wie *Die Kraniche des Ibykus, Der Taucher* oder *Die Glocke* entstehen, die ganze Generationen von Schülern, nicht unbedingt zu ihrem Vergnügen, auswendig lernen mußten. In dem Gedicht *Die Ideale* läßt sich ein wehmütiger Schiller vernehmen, dem das rasante Abschnurren der Zeit Sorge bereitet: »Erloschen sind die heitern Sonnen, / Die meiner Jugend Pfad erhellt, / Die Ideale sind zerronnen, / Die einst das trunkne Herz geschwellt, / Er ist dahin, der süße

Glaube / An Wesen, die mein Traum gebar, / Der rauhen Wirklichkeit zum Raube, / Was einst so schön, so göttlich war...«

Endlich, nach so vielen Mühen, ist der *Wallenstein,* der sich unter Schillers Händen zu einer Trilogie ausgewachsen hat, fertiggestellt. Die Uraufführung wird zum Erfolg. Charlotte Schiller berichtet: »Es schluchzte alles im Theater; selbst die Schauspieler mußten weinen, und bei den Proben, ehe sie sich mehr daran gewöhnten, konnten sie vor Weinen kaum fortsprechen... Mich selbst hat die Vorstellung so gerührt, daß ich mich nicht zu fassen wußte; ob ich gleich alles kannte und Schiller es mir mehr wie einmal gelesen hatte, so war der Effekt derselbe, als ob ich es zuerst dargestellt sähe...« Und Goethe, der damals auch als Weimarer Theaterdirektor amtiert, stellt zufrieden fest: »Wallenstein hat zuletzt alle Stimmen vereinigt, indem er aus den vorbereitenden Kelchblättern wie eine Wunderblume unversehens hervorstieg und alle Erwartungen übertraf...«

Nach der Vollendung eines Dramas, das ihn beansprucht hat wie noch kein Werk zuvor, ist Schiller eher erschöpft als erleichtert. Goethe meldet er: »Die Masse, die mich bisher anzog und festhielt, ist nun auf einmal weg, und mir dünkt, als wenn ich bestimmungslos im luftleeren Raume hinge. Zugleich ist mir, als wenn es absolut unmöglich wäre, daß ich wieder etwas hervorbringen könnte; ich werde nicht eher ruhig sein, bis ich meine Gedanken wieder auf einen bestimmten Stoff mit Hoffnung und Neigung gerichtet sehe…« Das geschieht schneller als erwartet. Schiller, der, wie er des öfteren bekannte, »tätig sein« will, »nur tätig«, erinnert sich an eine Idee, die er sich schon in Bauerbach zurechtgelegt hatte. An Goethe schreibt er: »Indessen habe ich mich an eine Regierungsgeschichte der Königin Elisabeth gemacht und den Prozeß der Maria Stuart zu studieren angefangen. Ein paar tragische Hauptmotive haben sich mir gleich dargeboten und mir großen Glauben an diesen Stoff gegeben, der unstreitig sehr viele dankbare Seiten hat…«

Unterdessen ist Schillers Familie größer geworden: Charlotte hat im Sommer 1796 einen weiteren Sohn geboren, der den Namen Ernst Friedrich Wilhelm erhält. Drei Jahre später kommt die Tochter Caroline Louise Friederike zur Welt, deren Geburt Charlotte Schiller fast das Leben kostet. Nur mühsam erholt sie sich wieder, ihr Mann ist besorgt: »Eine hartnäckige Stumpfheit, Gleichgültigkeit und Abwesenheit des Geistes ist das Symptom, das uns am meisten quält und ängstigt. Gott weiß, wohin all dies noch führen wird…«

Mit dem Familienzuwachs wachsen auch Schillers altvertraute Geldsorgen. Er beschließt, seinen Jenaer Wohnsitz aufzulösen und ganz nach Weimar zu ziehen. Die »philosophische Bude« soll auf immer geschlossen bleiben, er will nur noch als Theaterautor arbeiten: »Weil ich mich für die nächsten 6 Jahre ausschließlich an das Dramatische halten werde, so kann ich es nicht umgehen, den Winter in Weimar zuzubringen, um die Anschauung des Theaters zu haben. Dadurch wird meine Arbeit um vieles erleichtert werden…«

Schillers oberster Dienstherr Herzog Karl August zeigt sich ihm gegenüber ungewohnt großzügig, verdoppelt sein Jahresgehalt von 200 auf 400 Taler und gewährt noch »4 Mess Brennholz in natura«. Für den Lebensunterhalt der Familie reicht die Gehaltserhöhung nicht; dennoch ist damit ein positives Zeichen gesetzt. Seiner besorgten Mutter schreibt Schiller nach Stuttgart: »Es ist freilich noch ein kleiner Teil dessen, was unsere Wirtschaft jährlich braucht, indessen ist es doch eine große Erleichterung, und das übrige kann ich durch meinen Fleiß, der mir wohl bezahlt wird, recht gut verdienen…«

In Weimar hat Schiller mit seiner Familie zunächst eine Wohnung in der Windischgasse bezogen, die ihm aber auf Dauer zu laut ist. Sein Wunsch war es immer, ein eigenes Haus zu besitzen. Um ihn sich erfüllen zu können, fehlen ihm die finanziellen Mittel: »Das verdammte Geld«, von ihm schon öfter verflucht, regelt seine Lebensführung in einer Weise, die er, auch weil er weiß, daß eine größer gewordene Familie zu versorgen ist, zunehmend als Freiheitsberaubung empfindet. Schließlich bietet sich eine Gelegenheit, doch noch zu einem Haus zu kommen: Es steht auf der Esplanade (der heutigen Schillerstraße), ist hell und geräumig und soll 4200 Taler kosten. Schiller entschließt sich zu einer gewagten Transaktion: Er verkauft sein Jenaer Gartenhäuschen, wobei er Verlust macht, bittet seinen Verleger Cotta um ein Darlehen, leiht sich von seiner Schwiegermutter Geld und nimmt für den Rest des Kaufpreises, das sind immerhin noch 2200 Taler, eine Hypothek auf. Seine finanzielle Lage ist nun noch angespannter als zuvor, aber er findet, daß es sich gelohnt hat: Endlich hat er mit seiner Familie ein Zuhause gefunden, das diesen Namen auch verdient.

Im Sommer 1800 zieht sich Schiller, der zuvor wieder mit Fieberschüben und Magenkrämpfen darniedergelegen hat, auf das herzogliche Schloß Ettersburg zurück, wo er sein Drama *Maria Stuart* vollendet. Das Ergebnis kann sich sehen lassen. Bescheiden merkt er an: »Ich fange endlich an, mich des dramatischen Organs zu bemächtigen und mein Handwerk zu verstehen...« Auch Goethe ist zufrieden. Er rechnet *Maria Stuart* sogleich zu seinen Lieblingswerken: »Es ist so brav, gut und schön, daß ich ihm nichts zu vergleichen weiß.«

Schiller indes weiß, daß er mit seiner Zeit mehr denn je haushalten muß. Seine Lebensspanne ist begrenzt und ein Ende abzusehen, das ahnt er längst, weigert sich aber, den dazugehörigen trüben Gedanken Gehör zu schenken. Solange er arbeiten kann, wird er arbeiten; das ist die Variante des Glücks, die zu ihm paßt. Sein Tagesbefehl, den er sich ein ums andere Mal wiederholt, lautet: »Die Hauptsache ist der Fleiß; denn dieser gibt nicht nur die Mittel des Lebens, sondern er gibt ihm auch seinen alleinigen Wert...«

Ruhe gönnt sich Schiller kaum; darauf angesprochen erwidert er scherzhaft, daß er gar »nicht recht weiß«, was das ist. Nachdem er *Maria Stuart* fertiggestellt hat, sucht er bereits nach einem neuen dramatischen Stoff; dabei will er allerdings nichts überstürzen: »In meinen Jahren und auf meiner jetzigen Stufe des Bewußtseins ist die Wahl des Gegenstandes weit schwerer, der Leichtsinn ist nicht mehr da, womit man sich in der Jugend so schnell entscheiden kann, und die Liebe, ohne welche keine poetische Tätigkeit bestehen kann, ist schwerer zu erregen.« Schiller entscheidet sich schließlich für *Die Jungfrau von Orleans*. Das historische Vorbild des Stücks, ein 17jähriges Bauernmädchen namens Jeanne d'Arc, von dem die Historiker bis heute nicht ganz sicher sind, was von ihr zu halten ist, gewinnt in der Darstellung, die ihm der Dichter angedeihen läßt, beträchtlich an Statur, wird aber auch dem geschichtlichen Kontext enthoben, in dem es eigentlich steht. Schiller ist von tiefer Zuneigung zu seiner Heldin erfaßt; er nennt das Stück »eine romantische Tragödie« und hat dafür seine Gründe: »Ich bin mit dem ganzen Herzen dabei, und es fließt auch mehr aus dem Herzen als die vorigen Stücke, wo der Verstand mit dem Stoffe kämpfen mußte…«

Im Frühjahr 1801 hat er die *Die Jungfrau von Orleans* beendet, von der er sich wehmütig verabschiedet. Obwohl er am liebsten gleich weiterarbeiten möchte, legt er dann doch eine Pause ein. Man hat ihn zu einem Kuraufenthalt an der Ostsee überredet, den er jedoch nicht antritt, weil seine Frau krank wird. Als sich Charlotte erholt hat, fährt er mit der Familie nach Dresden und besucht die alten Freunde. Auf der Rückreise macht er in Leipzig Station und wohnt dort einer Aufführung der *Jungfrau von Orleans* bei. Seine Hoffnung, unerkannt zu bleiben, erfüllt sich nicht; schon während der Vorstellung wird man auf ihn aufmerksam. Ein Augenzeuge berichtet: »Wie nun Schiller vor dem Theater erschien, traten die Versammelten auseinander und ließen den Hochgefeierten in ehrfurchtsvoller Stille, mit entblößten Häuptern durch ihre lange Reihe hindurchschreiten. Hie und da sah man einen Vater, eine Mutter ihre Kinder hochheben und hörte ihnen die Worte zuflüstern: Der ist es!«

Im Jahr darauf, am 18. November 1802, erfolgt eine Ehrung, auf die Schiller selbst keinen sonderlichen Wert legt, die seiner Frau jedoch ausgesprochen guttut: Er wird geadelt. Charlotte litt darunter, daß sie durch die Heirat ihren Adelstitel verloren hatte und Nachteile im gesellschaftlichen Leben in Kauf nehmen mußte. Durch den Adelsbrief, den der Kaiser in Wien ausstellt, bekommt Charlotte Schiller ihre früheren Vorrechte zurück; sie freut sich, bleibt aber, wie es ihre Art ist, bescheiden: »Mir ist jeder Beweis einer öffentlichen Achtung, die Schiller widerfährt, erfreulich, weil ich gern sehe, daß man seine Verdienste anerkennt...« Schiller, der sich nun Friedrich von Schiller nennen darf, kommentiert seine späte Nobilitierung mit verhaltener Ironie. An Wilhelm von Humboldt schreibt er: »Sie werden gelacht haben, da sie von unserer Standeserhöhung hörten, es war ein Einfall von unserem Herzog, und da es geschehen ist, kann ich's um der Lolo und der Kinder willen mir auch gefallen lassen. Lolo ist jetzt recht in ihrem Element, da sie mit ihrer Schleppe am Hof herumschwänzelt...«

Inzwischen hat Schiller ein weiteres Theaterstück geschrieben, *Die Braut von Messina*. Es ist nicht sein stärkstes Werk, eher ein Zwischenspiel auf dem Weg zum ganz großen Erfolg, der ihm mit dem *Wilhelm Tell* noch bevorsteht. Schillers Ruhm wird von Fehlschlägen nicht mehr beeinträchtigt, er ist eine Person des öffentlichen Interesses. Anders als Goethe, der von seiner Bedeutung durchdrungen ist und zu Lebzeiten schon manchmal wie sein eigenes Denkmal dasteht, bleibt Schiller bescheiden. Der Weimarer Theaterregisseur Genast berichtet: »Aber wie anders bewegte sich Schiller in der Gesellschaft Goethe gegenüber! Die bunte Menge beängstigte ihn förmlich, und Ehrenbezeigungen, die Goethe als etwas Selbstverständliches aufnahm, wurden ihm unheimlich und machten ihn schüchtern... Er ging gewöhnlich gebeugten Hauptes durch die Massen, jedem, der ihn grüßte, freundlich dankend. Wie ganz anders war Goethe unter diesem Publikum... einhergeschritten, stolz wie ein König, mit hocherhobenem Haupt, dasselbe bei einem Gruß nur gnädig neigend.«

Am 25. August 1803 beginnt Schiller mit seinem *Wilhelm Tell*. Eigentlich hatte Goethe, der im Herbst 1797 von einer Reise in die Schweiz zurückgekehrt war und die »herrliche, großartige Natur« rühmte, den Stoff bearbeiten wollen, konnte sich aber dann doch nicht dazu entschließen. Er ruhte in jener Zeit wohl noch mehr als sonst in sich selbst und wirkte, wenn er seine diversen Pläne sortierte, merkwürdig ziellos, eine Eigenschaft, die Schiller, der sich gern dem Diktat eines konkreten Arbeitsvorhabens stellte, zunehmend ärgerte und die er, mit süffisantem Unterton, »Goethes Hinschlendern« nannte. Ob Goethe tatsächlich, wie er später, mit dem Abstand der Jahre, behauptete, den *Tell* »gerne und förmlich« an Schiller »abgetreten« hat, mag dahingestellt bleiben. Auf jeden Fall war schon nach kurzer Zeit klar, daß Schiller einen Dramenstoff gefunden hatte, der ihn wie kein zweiter bewegte und befeuerte. Da er die Schweiz nur vom Hörensagen kannte, versorgte er sich zunächst mit Lektüre. An Körner schreibt er: »Ich bin genötigt, viel darüber zu lesen, weil das Lokale an diesem Stoff soviel bedeutet, und ich möchte gern soviel möglich örtliche Motive nehmen. Wenn mir die Götter günstig sind, das auszuführen, was ich im Kopf habe, so soll es ein mächtiges Ding werden und die Bühnen von Deutschland erschüttern...«

Goethe hat später anschaulich beschrieben, wie man sich Schillers Arbeitsweise vorzustellen hatte: »Er fing damit an, alle Wände seines Zimmers mit so viel Spezialkarten der Schweiz zu bekleben, als er auftreiben konnte. Nun las er Schweizer Reisebeschreibungen, bis er mit Wegen und Stegen des Schauplatzes des Schweizer Aufstandes auf das Genaueste bekannt war. Dabei studierte er die Geschichte der Schweiz; und nachdem er alles Material zusammengebracht hatte, setzte er sich über die Arbeit, und buchstäblich genommen stand er nicht eher vom Platze auf, bis der *Tell* fertig war. Überfiel ihn die Müdigkeit, so legte er den Kopf auf den Arm und schlief. Sobald er wieder erwachte, ließ er sich – nicht wie ihm fälschlich nachgesagt worden, Champagner – sondern starken schwarzen Kaffee bringen, um sich munter zu erhalten. So wurde der *Tell* in sechs Wochen fertig; er ist aber auch wie aus einem Guß.«

In Wahrheit braucht Schiller nicht sechs Wochen, sondern sechs Monate für den *Wilhelm Tell*. Am 17. März 1804 wird er in Weimar uraufgeführt und zu einem beispiellosen Erfolg. Die Bühnen Deutschlands reißen sich um das Stück, das die Freiheit im Tonfall zeitloser Gewißheit beschwört, die sich nach oben wie unten abgesichert weiß: »Nein, eine Grenze hat Tyrannenmacht, / Wenn der Gedrückte nirgends Recht kann finden; / Wenn unerträglich wird die Last – greift er / Hinauf getrosten Mutes in den Himmel / Und holt herunter seine ewgen Rechte, / Die droben hangen unveräußerlich / Und unzerbrechlich wie die Sterne selbst...«

Mit dem überwältigenden Erfolg des *Tell* hatte sich Schiller endgültig seinen Ruhmesplatz direkt neben Goethe gesichert; er hätte Grund gehabt, zufrieden zu sein. Das Gegenteil war der Fall. Schiller fühlt sich beengt, Weimar erscheint ihm als Provinz, er möchte »für eine größere Welt wirken«. An seinen Schwager Wilhelm von Wolzogen schreibt er: »Ich verliere hier zuweilen die Geduld, es gefällt mir hier mit jedem Tag schlechter, und ich bin nicht Willens, in Weimar zu sterben. Nur in der Wahl des Orts, wo ich mich hinbegeben will, kann ich mit mir noch nicht einig werden... Es ist überall besser als hier...«

Im Mai 1804 hält Schiller es nicht mehr aus: Mit seiner Familie fährt er nach Leipzig und von dort weiter nach Berlin, wo der bekannte Theaterintendant Iffland amtiert, der ihm schon früher Avancen gemacht hat. In Berlin wird Schiller wie ein König empfangen: Iffland hat kurzerhand den Spielplan geändert und drei Stücke seines berühmten Gastes ins Programm genommen. Der darf nun staunend miterleben, wie man ihn derart frenetisch feiert, daß die eigentliche Aufführung fast zur Nebensache wird: »Als Schiller in die Loge trat, empfing ihn das volle Haus mit einem Jubel, der nicht enden wollte. Alle ohne Ausnahme, Männer und Frauen, jung und alt, standen von ihren Sitzen auf und begrüßten den gefeierten, tiefgerührten Dichter, der nach dem Schluß des Schauspiels durch eine lebendige, ihn abermals mit lauten Freudenbezeigungen begrüßende Gasse wandeln mußte.« Es kommt noch besser: Die Königin von Preußen bittet das Ehepaar Schiller zu sich. Sie gehört schon länger zu Schillers Verehrern; nun sieht sie eine Gelegenheit, den Dichter nach Berlin zu locken. Iffland unterbreitet ihm ein lukratives Angebot: Schiller soll ein Jahresgehalt von 3000 Talern beziehen, bei der Erziehung des Kronprinzen mitwirken und in die Berliner Akademie der Wissenschaft aufgenommen werden. Das ist so großzügig, daß er eigentlich nicht zögern dürfte, das Angebot anzunehmen. Schiller hat jedoch Bedenken: Er merkt, daß seine Frau, die ihr viertes Kind erwartet, vor der Berliner Hektik zurückschreckt, sie möchte in Weimar bleiben, überläßt die Entscheidung jedoch ihrem Mann. So hat sie es immer gehandhabt: Charlotte von Schiller ist die Frau an seiner Seite, wo er hingeht, geht auch sie hin. In einem Brief an Körner bringt Schiller zum Ausdruck, wie schwer ihm die Entscheidung fällt: »Auch kann ich in Berlin eher Aussichten für meine Kinder finden und mich vielleicht, wenn ich erst dort bin, noch auf manche Art verbessern. Auf der anderen Seite zerreiße ich höchst ungern alte Verhältnisse, und in neue mich zu begeben, schreckt meine Bequemlichkeit. Hier in Weimar bin ich absolut frei und im eigentlichen Sinne zu Hause. Ich habe gegen den Herzog Verbindlichkeiten, und ob ich gleich mit ganz guter Art mich loszumachen hoffen kann, so würde mir's doch weh tun zu gehen. Wenn er mir also einen nur etwas bedeutenden Ersatz anbietet, so habe ich doch Lust zu bleiben.« Wenig später setzt er ein entsprechendes Gesuch an Herzog Karl August auf, in dem er an die bekannte Großmut des Landesherrn appelliert, der sich auch tatsächlich angesprochen fühlt, Schillers Jahresgehalt verdoppelt und sogar seine (allerdings unverbindliche) Bereitschaft erklärt, »in einigen Jahren das 1000 voll zu machen«. Schiller bedankt sich, und Charlotte ist froh. Ihrer Schwester schreibt sie: »Ich hatte große Sorge diesen Sommer. Wir waren dieses Frühjahr in Berlin; man war sehr artig gegen Schiller und machte ihm vorteilhafte Anträge, dort zu bleiben. Mein ganzes Herz war verwundet bei diesen Aussichten ...«

Im Juli 1804 fährt Schiller mit seiner Familie nach Jena und bezieht dort eine Wohnung. Charlottes Niederkunft steht kurz bevor, sie möchte den Arzt ihres Vertrauens, Dr. Stark, der schon bei den vorherigen Geburten Beistand geleistet hat, in der Nähe haben. Während einer abendlichen Spazierfahrt bricht Schiller zusammen, man bringt ihn zurück in die Wohnung. Er hat unerträgliche Schmerzen, die, so vermutet man heute, von einer Bauchfellentzündung mit Darmverschluß herrühren.

Am 25. Juli 1804 bringt Charlotte eine gesunde Tochter zur Welt, die den Namen Emilie erhält. Dieses Ereignis, von dem Schiller nicht viel mitbekommen hat, scheint seine Lebenskräfte noch einmal zu mobilisieren: Er erholt sich, ein quälend langsamer Prozeß, der sich über Monate hinzieht. Im Oktober glaubt er, über den Berg zu sein; an Körner schreibt er: »Nach und nach fange ich an, einen Glauben an meine Genesung zu bekommen, den ich seit 8 Wochen beinahe ganz verloren hatte. Auch zur Tätigkeit finde ich wieder Neigung und Kräfte, und diese, hoffe ich, wird das gute Werk vollenden; denn wenn ich mich beschäftigen kann, so ist mir wohl...«

Schiller arbeitet an einem neuen Stück, dem er den Arbeitstitel *Demetrius* gegeben hat. So ganz ist er allerdings nicht bei der Sache, was nicht nur an seiner ramponierten Gesundheit liegt: Er ahnt, daß nach den großen Erfolgen, die er schon hatte, nicht mehr viel kommen kann, so daß sein Bekenntnis zum Tätigsein eher der eigenen Beruhigung und Aufmunterung dient, als wirklich auf neue, besitzergreifende Pläne zu verweisen.

Der Winter wird hart in Jena. Schiller ist tapfer, wagt sich in die Öffentlichkeit und nimmt sogar an einigen Festlichkeiten teil. Um sich selbst macht er sich weniger Sorgen als um seinen Freund Goethe, der ebenfalls erkrankt ist und das Bett hüten muß. Als Schiller im März 1805 den nahenden Frühling spürt, schreibt er an Körner: »Die bessere Jahreszeit läßt sich endlich auch bei uns fühlen und bringt wieder Mut und Stimmung; aber ich werde Mühe haben, die harten Stöße, seit 9 Monaten, zu verwinden, und ich fürchte, daß doch etwas davon zurückbleibt; die Natur hilft sich zwischen 40 und 50 nicht mehr als im 30. Jahr. Indessen will ich mich ganz zufrieden geben, wenn mir nur Leben und leidliche Gesundheit bis zum 50. Jahr aushält...«

Es ist Schillers letzter Brief. Am 1. Mai 1805 hat er sich mit Goethe verabredet, den er dazu überreden will, mit ihm ins Theater zu gehen. Goethe jedoch, schon immer ein wachsamer Beobachter der eigenen Unpäßlichkeiten, fühlt sich dazu nicht in der Lage. In seinen *Erinnerungen* heißt es später lapidar: »Ich fand ihn im Begriff, ins Schauspiel zu gehen, wovon ich ihn nicht abhalten wollte; ein Mißbehagen hinderte mich, ihn zu begleiten, und so schieden wir vor seiner Haustüre, um uns niemals wieder zu sehen ...« Noch im Theater erleidet Schiller einen heftigen Fieberanfall, er wird nach Hause gebracht. Der Arzt verordnet ihm Bettruhe. Nach drei Tagen fühlt er sich besser und möchte aufstehen, ist aber zu schwach dazu. Am 5. Mai hat er einen Rückfall, verliert das Bewußtsein. Als er wieder zu sich kommt, phantasiert er, der Arzt ist ratlos. Schillers Schwägerin Caroline geht ihrer Schwester Charlotte bei der Krankenpflege zur Hand; von ihr stammt der anschaulichste, wenngleich schon für Nachwelt und Ewigkeit zurechtgemachte Bericht über Schillers Tod, der am frühen Abend des 9. Mai 1805 erfolgt: »Als ich am Abend des Siebenten zu ihm kam, wollte er, wie gewöhnlich, ein Gespräch anknüpfen über Stoffe zu Tragödien, über die Art, wie man die höheren Kräfte im Menschen erregen müsse. Ich antwortete nicht mit meiner gewöhnlichen Lebhaftigkeit, weil ich ihn ruhig halten wollte. Er fühlte es und sagte: ›Nun, wenn mich niemand mehr versteht und ich mich selbst nicht mehr verstehe, so will ich lieber schweigen.‹ Er schlief bald darauf ein, sprach aber viel im Schlaf. Den Morgen des Achten hatte er leidlich zugebracht... Als ich gegen Abend kam, vor sein Bett trat und fragte, wie es ihm gehe, drückte er mir die Hand und sagte: ›Immer besser, immer heitrer.‹ Es waren seine letzten an mich gerichteten Worte. Er verlangte, man solle den Vorhang öffnen, er wolle die Sonne sehen. Mit heiterm Blick schaute er in den Abendstrahl. Seine Kinder verlangte er selten zu sehen. Sein treuer Diener sagte, daß er viel gesprochen, meist vom *Demetrius,* aus dem er Szenen rezitiert. Einigemal habe er Gott angerufen, ihn vor einem langsamen Hinsterben zu bewahren. Der Ewige erhörte seine Bitte. Am Neunten früh trat Besinnungslosigkeit ein; er sprach nur unzusammenhängende Worte, meistens Latein. Ein ihm verordnetes Bad schien er ungern zu nehmen; doch war er in allem, was zu seiner Wartung geschehen mußte, ergeben und geduldig. Der Arzt hatte nötig gefunden, daß er ein Glas Champagner trinke. Es war sein letzter Trunk. Wenn er, von seinen Brustbeklemmungen ergriffen, auf sein Kissen zurückfiel, sah er sich um, schien uns aber nicht zu kennen. Gegen drei trat vollkommene Schwäche ein; der Atem fing an zu stocken. Meine Schwester kniete an seinem Bette, sie sagte, daß er ihr noch die Hand gedrückt. Ich stand mit dem Arzte am Fuß des Lagers und legte gewärmte Kissen auf seine erkaltenden Füße. Es fuhr wie ein elektrischer Schlag über seine Züge; dann sank sein Haupt zurück, und die vollkommenste Ruhe verklärte sein Antlitz; seine Züge waren die eines sanft Schlafenden.«

Schiller selbst schwebte, als er bereits ahnte, daß er nicht mehr lange zu leben hatte, die Auflösung des Irdischen in einem unerhört leichten, zur Ewigkeit erhobenen Schlußbild vor: »Denken Sie sich... den Genuß, lieber Freund, in einer poetischen Darstellung alles Sterblichen ausgelöscht, lauter Licht, lauter Freiheit, lauter Vermögen – keinen Schatten, keine Schranke, nichts von dem allen mehr zu sehen...«

Spätestens dann, wenn alles vorbei ist und, vielleicht, von neuem beginnt, hat sich gelohnt, was auf Erden begonnen wurde und nie ganz zu Ende kommt. Schillers erkenntnisleitende Idee vom Tätigsein im Bewußtsein der Freiheit geht vom Individuum aus, macht dort aber nicht länger Halt als unbedingt nötig. Was zählt und gefordert wird, ist ein »höheres Selbst«, das seinen Beitrag leistet zum Fortschritt der Menschheit, an den Schiller, der die Zweifel wohl kannte, glauben mußte – das war er sich schuldig. Auch wenn wir von einem »höheren Selbst« heute nicht mehr so recht sprechen mögen, so dürfen wir Schiller doch noch immer folgen, und sei es nur, um »tätig zu sein« wie er und das Beste aus unseren Möglichkeiten zu machen: »Beschäftigung, die nie ermattet, / Die langsam schafft, doch nie zerstört, / Die zu dem Bau der Ewigkeiten / Zwar Sandkorn nur für Sandkorn reicht, / Doch von der großen Schuld der Zeiten, / Minuten, Tage, Jahre streicht.«

Zeittafel

1759 Johann Christoph Friedrich Schiller wird am 10. November als zweites von insgesamt fünf Kindern von Johann Kaspar Schiller und Elisabetha Dorothea Schiller (geb. Kodweiß) in Marbach am Neckar geboren

1764 Umzug der Familie nach Lorch im Remstal
Besuch der Dorfschule, zusätzlich Privatunterricht

1766 Umzug der Familie nach Ludwigsburg

1767 Besuch der Lateinschule in Ludwigsburg

1773 Eintritt in die Carlsschule auf Schloß Solitude bei Stuttgart

1774 Beginn des Studiums der Jurisprudenz

1776 Verlegung der Carlsschule nach Stuttgart
Beginn des Medizinstudiums

1780 Nach Ablehnung von zwei vorgelegten Dissertationen durch die Prüfungskommission Annahme der dritten mit dem Titel *Versuch über den Zusammenhang der tierischen Natur des Menschen mit seiner geistigen* Entlassung aus der Carlsschule

1781 Arbeit als Regimentsmedicus im Grenadierregiment des Generals von Augé in Stuttgart
Erste Bekanntheit u.a. durch das Gedicht *Elegie auf den frühzeitigen Tod Johann Christian Weckerlins*
Veröffentlichung von *Die Räuber* im Selbstverlag
Umarbeitung von *Die Räuber* nach Vorgaben des Mannheimer Theaterintendanten von Dalberg

1782 Uraufführung von *Die Räuber* in Mannheim

Schreibverbot durch Herzog Carl Eugen
Flucht nach Mannheim
Arbeit an *Die Verschwörung des Fiesko zu Genua*
Nach diversen Zwischenstationen Asyl im thüringischen Bauerbach bei Henriette von Wolzogen
Bekanntschaft mit dem Meininger Bibliothekar Reinwald

1783 Arbeit an *Luise Millerin* (späterer Titel: *Kabale und Liebe*), Skizze zu *Don Carlos,* Idee zu *Maria Stuart*
Unerwiderte Liebe zu Charlotte von Wolzogen
Rückkehr nach Mannheim
Bekanntschaft mit Margaretha Schwan
Einjähriger Vertrag als Theaterdichter am Mannheimer Nationaltheater
Erkrankung am »kalten Fieber«

1784 Uraufführung von *Die Verschwörung des Fiesko zu Genua* in Mannheim
Uraufführung von *Kabale und Liebe* in Frankfurt
Bekanntschaft mit Charlotte von Kalb
Korrespondenz mit Christian Gottfried Körner

1785 Einmalige Ausgabe der Zeitschrift *Rheinische Thalia*
Abreise nach Leipzig
Freundschaft mit Ludwig Ferdinand Huber, Minna und Dora Stock und Christian Gottfried Körner
Bezug eines Landhauses in Gohlis bei Leipzig mit Huber, Minna und Dora Stock
Erste Begegnung mit dem Verleger Georg Joachim Göschen
Abreise nach Dresden, Bezug des Körberschen Hauses
Fertigstellung der Erzählung *Der Verbrecher aus verlorener Ehre* sowie der Ode *An die Freude*

1786 Fertigstellung des Romans *Der Geisterseher*

1787 Bekanntschaft mit und Werbung um Henriette von Arnim

Uraufführung von *Don Carlos* in Hamburg
Auf Einladung Charlotte von Kalbs Abreise nach Weimar
Bekanntschaft mit Christoph Martin Wieland und Johann Gottfried Herder
Erneuter Besuch in Bauerbach
Erste Bekanntschaft mit Louise und Charlotte von Lengefeld und Caroline von Beulwitz (geb. von Lengefeld)
1788 Bekanntschaft mit Johann Wolfgang von Goethe
Veröffentlichung der *Geschichte des Abfalls der Vereinigten Niederlande von der Spanischen Regierung*
Ruf als Geschichtsprofessor an die Universität Jena
1789 Umzug nach Jena
Antrittsvorlesung: *Was heißt und zu welchem Ende studiert man Universalgeschichte?*
Arbeit als Geschichtsprofessor
Verlobung mit Charlotte von Lengefeld
1790 Ernennung zum Hofrat
Heirat mit Charlotte von Lengefeld
Arbeit an der *Geschichte des dreißigjährigen Krieges*
1791 Krankheit
Kur in Karlsbad
Aufgabe der Lehrtätigkeit
1792 Verleihung des Bürgerrechts durch den Französischen Nationalkonvent
1793 Veröffentlichung der Essays *Über Anmut und Würde* und *Über das Erhabene*
Reise nach Württemberg
Geburt des Sohnes Karl Friedrich Ludwig
Tod des Herzogs Carl Eugen
1794 Erste Begegnung mit dem Tübinger Verleger Johann Friedrich Cotta
Rückkehr nach Jena
Arbeit an einer neuen Zeitschrift *(Die Horen)*
Zusage Goethes für die Mitarbeit an *Die Horen*

Freundschaft mit Wilhelm von Humboldt und Johann Gottlieb Fichte
Lyrik
1795 Veröffentlichung des ersten Heftes von *Die Horen*
Herausgabe der Literaturzeitschrift *Musenalmanach*
Arbeit an dem Essay *Über naive und sentimentalische Dichtung*
1796 Zusammen mit Goethe Arbeit an *Xenien* (»Xenien-jahr«)
Arbeit an *Wallenstein*
Geburt des zweiten Sohnes Ernst Friedrich Wilhelm
1797 »Balladenjahr«
1798 Uraufführung von *Wallensteins Lager* in Weimar
1799 Uraufführung von *Die Piccolomini* und *Wallensteins Tod* in Weimar
Geburt der Tochter Caroline Louise Friederike
Umzug nach Weimar (zunächst Bezug einer Wohnung in der Windischgasse, dann Kauf eines Hauses an der Esplanade, der heutigen Schillerstraße)
1800 Nach Krankheitsschüben Rückzug auf Schloß Ettersburg, dort Fertigstellung von *Maria Stuart*
Uraufführung von *Maria Stuart* in Weimar
1801 Uraufführung von *Die Jungfrau von Orleans* in Leipzig
1802 Empfang des kaiserlichen Adelsdiploms
1803 Uraufführung von *Die Braut von Messina* in Weimar
Arbeit an *Wilhelm Tell*
1804 Sehr erfolgreiche Uraufführung von *Wilhelm Tell* in Weimar
Reise nach Berlin
Einladung bei der Königin von Preußen
Bauchfellentzündung
Geburt der zweiten Tochter Emilie
Arbeit an *Demetrius*
1805 Tod am 9. Mai in Weimar

Personenregister

Johann Wolfgang Goethe

Sein Leben erzählt von
Otto A. Böhmer

Er gilt als Deutschlands größter Dichter: Johann Wolfgang Goethe. Es ist unglaublich viel über ihn geschrieben worden, und je mehr man über ihn geschrieben hat, desto mehr hat sich der Mensch, um den es dabei geht, seinen Bewunderern und Kritikern entzogen. Es scheint, als ob er bis auf den heutigen Tag eine Rolle spielen wollte, die er auch in seinem Leben gerne gegeben hat: sich zu wandeln, zu häuten, unkenntlich zu werden.

In diesem Buch wird das Genie von seinen verschiedenen Seiten gezeigt. Kurz, prägnant und doch reich an Fakten, Zitaten und Anekdoten – Otto A. Böhmer faßt auf unterhaltsame Weise das Wesentliche dieses langen, produktiven Lebens zusammen.

»Ich war nahe dran, ihn griechisch anzureden; da ich aber merkte, daß er deutsch verstand, so erzählte ich ihm auf deutsch: daß die Pflaumen auf dem Wege zwischen Jena und Weimar sehr gut schmeckten. Ich hatte in so manchen langen Winternächten darüber nachgedacht, wie viel Erhabenes und Tiefsinniges ich dem Goethe sagen würde, wenn ich ihn mal sähe. Und als ich ihn endlich sah, sagte ich ihm, daß die sächsischen Pflaumen sehr gut schmeckten. Und Goethe lächelte.«
Heinrich Heine

»Goethe war ein Genie, das die Arbeit, den Fleiß nicht scheute und damit seine Kunst, die bis zum Ende von wahrer Welt-Neugier lebte, auf den höchsten Stand zu erheben vermochte.« *Otto A. Böhmer*

»Ein unverwechselbarer Tonfall. Böhmer schreibt äußerst einfühlsam, kenntnisreich und unterhaltend.«
Carlos Kleiber